KAWADE
夢文庫

ゴルフ
確実にうまくなる練習 やってもムダな練習

ライフ・エキスパート[編]

河出書房新社

カバー写真◎アフロ
本文イラスト◎渡辺隆司
協力◎エディターズワーク

どんどんうまくなる魔法の教科書●まえがき

ゴルフもスポーツである以上、上手《うま》くなるためには練習をするしかない。しかし毎週のように練習場に通い、そのたびに100球、いやときには300球も打っているというのに、なかなか100や90が切れない人がいるのはどうしてなのか？才能がない？　いえいえ、プロはともかくトップアマのなかには、運動神経も体格も筋力も並という人がごろごろいる。

結論を先にいうと、ゴルフが上手い人と下手《へた》な人の違いは、練習の仕方にある。いつもの練習場のいつもの席で、いつも真ん中を狙って、しゃかりきになってクラブを振り回しているだけでは、ゴルフは絶対に上手くならない。いや、スイングについての正しい知識がなく、自分の体がどんな動きをしているのかも知らずに練習を続けていては、ゴルフは上手くなるどころか、下手が固まるだけなのだ。

本書で紹介した〝確実にうまくなる練習〟をすれば、ゴルフを始めて1年とたたないうちに90は切れるし、3年でハンデ8～9くらいにはなれる。これまでのやり方をすべて忘れてトライすれば、それが嘘でないことがよーくわかるはずである。

ライフ・エキスパート

ゴルフ確実にうまくなる練習 やってもムダな練習／目次

プロローグ

いくら練習しても、あなたのゴルフがうまくならない理由

●知らず知らず〝下手を固めて〟いませんか？——

1章

実戦で役に立つ 頭がいい練習場の使い方

●練習場ではいいのに、本番でイマイチなあなたへ——

練習場を10倍活かす練習法

少ない練習でうまくなる練習法

2章
スムーズで正確な理想のスイングをつくる練習
●芯を食った、会心のショットがほしいあなたへ──

3章

直らない欠点を克服し飛距離もグングン伸びる練習

●スライス、フック、すくい打ち、煽り打ち…のあなたへ——

弱点を克服する練習法

飛距離を伸ばす練習法

4章

アプローチ&パットがウソのようにうまくなる練習

●確実にスコアをアップしたいあなたへ――

プロローグ

知らず知らず“下手を固めて”いませんか?——

いくら練習しても、あなたのゴルフがうまくならない理由

あなたは〝下手を固める練習〟をしている！

上達するのが難しく、また上達してもすぐに下手《へた》になってしまうのがゴルフだとよくいわれる。

「シングルになるためにはトラック１杯分のボールを打たなければならない」

「1年間、毎日素振《すぶ》りをして、週に2回は練習場へ。それでやっと90が切れた」

「ケガをして3か月クラブを握らなかったら、ハンデが5つも下がった」

などの話を耳にしたゴルファーは多いはずで、それらはみな「いかにゴルフが難しいか」を物語っている。

たしかに、ゴルフは難しく、奥が深い。千変万化《せんぺんばんか》するライ、微妙な風向き、そしてプレッシャー。練習場では完璧なスイングを見せるタイガー・ウッズや石川遼でも、ラウンドではＯＢを出すこともあれば、アプローチでザックリしてしまうこともある。

ゴルフに完全はない。だから、プロゴルファーは、一流になるほど練習量が増えてくる。ハードな練習に耐えられるだけの体力があることは一流のプロになるための必須条件といっていい。

もちろん、私たちアマチュアはプロのようなわけにはいかない。体力や才能以前に、プロのように好きなだけ練習できる環境、つまりお金と時間がない。かりにお金と時間があったとしても、それは体力がすっかり衰えた定年後というケースがほとんどだろう。

ただ、そうはいっても、ゴルファーなら誰でも、少しずつでもゴルフが上手くなりたいと願っている。ゴルフもスポーツである以上、上達しようと思えば練習するしかない。ゴルフに真面目《まじめ》に取り組んでいる人ほどそう考えるはずで、だから、そういう人はたとえ週に1回でも練習場に通って、せっせとボールを打つ。ボールを100球打てば、その分だけ上手《うま》くなれると信じて……。

ところが、ほとんどのゴルファーが実感しているように、現実にはなかなかそうはならない。もし、練習量とゴルフの技量が単純に比例するのなら、ゴルフ歴が10年以上あるゴルファーなら、大半がシングルになってもよさそうなものだ。

だが、実際にシングルになれる人は、全ゴルファーのうち数パーセント。コンスタントに90が切れるゴルファーも、1割といないだろう。なぜか？

体力や才能の問題は、もちろんある。しかし、もっとも大きな理由は、練習のしかたそのものにある。そう、結論を先にいってしまえば、大半のゴルファーは〝上達しない練習〟、もっといえば〝下手を固める練習〟をしているからだ。

「真っ直ぐ飛ばしたい」と思うと、下手が固まる

ここで、大方のアマチュアゴルファー、つまり100や90が切れないゴルファーの練習風景をのぞいてみよう。

ドライバーをかっ飛ばしたいからと、距離のある練習場に出かけ、1階のなるべく真ん中あたりの席に陣取《じんど》る。2階では、みな打ち下ろしのショットになり、距離感がつかみにくいし、アプローチの練習にも不向きというわけだ。

で、ストレッチもそこそこに、サンドウェッジ（SW）を10球程度打ち、ショートアイアンからミドルアイアン、ロングアイアン、フェアウエイウッド（FW）を各10球くらい、まるでルーティンワークのように打っていく。

このとき、彼の頭にあるのは、どのクラブであれ「芯《しん》を食いつつ、真《ま》っ直《す》ぐ飛ばしたい」ということ。とにかく練習場の真ん中、150ヤードとか180ヤードとか表示されているグリーンやネットの真ん中にある柱を狙って、その方向に、まず

まずの当たりでボールが飛んでいけばよしということになる。

まあ、同じクラブで10球も続けて打っていれば、だんだんタイミングが合ってくるのも当然で、徐々に芯も食い始めるだろうし、スタンスの向きを微調整するから方向性もよくなってくるだろう。そして、「ま、こんなもんか」とつぶやいて、いよいよドライバーにとりかかるわけだ。

ドライバーの練習となると、その目的は「真っ直ぐ」に加えて「より遠くへ」が加わることになる。狙いは、あいかわらずネットの真ん中、飛ばし屋といわれるような人はネットの向こうにある250ヤードの看板だったりする。

そこになんとか当てようと、彼はしだいにしゃかりきになってくる。すると、6発めあたりで、会心の当たりが出る。「よし、これだよ、これ」と、彼はつぶやき、さらにボールを打つ。「いい球が3発続けて出ればホンモノだっていうよな」。

しかし、なかなか3発続けて、いい球は出ない。だんだん熱くなる彼。そして、気がついたときには、ドライバーだけで30球以上も続けて打っている。「もう1カゴやるか」。とにかく、いい球が出ないまま帰るわけにはいかないのだ。

こうして、彼は、自分のなかで気持ちの折り合いがつくまでドライバーを振り回し、練習を終える。折り合いがついたくらいだから、「どんなスイングをしたときに、いい当たりが出たか」ということは、いちおうわかったつもりになっている。「そうか、腰の切れだよ、腰の切れ」とかなんとか。「よし、今度のコンペはこれでいってみよう」と思う彼。しかし、現実のラウンドでは、練習場で出た当たりは一発も出ることなく、首を傾《かし》げながらコースをあとにすることになるのだ。

レッスン書の〝誤読〟で下手が固まる

なぜ、こうした練習のやり方が〝下手を固める〟ことになるのか？

次章以降で詳しく述べるように、いま紹介した典型的なアマチュアゴルファーの練習風景には、たくさんの〝間違い〟があるのだが、大きな間違いだけをいえば、ひとつには練習のテーマがないということだ。

「真っ直ぐ飛ばす」「遠くに飛ばす」は、なるほどゴルファーの理想だろうが、それは練習のテーマではなく、ただの結果にすぎない。練習のテーマとは、たとえば、いまの自分のスイングを少しでもよくするためには、どうすればいいのか。

そのための具体的な方法を優先順位を決めて実行すること。それは、かなり地味《じみ》であったり、ときには退屈《たいくつ》な方法だったりする。

あるいは、直近のラウンドで、たとえば左足下がりの傾斜でミスショットをくり返したのなら、そういうミスが出ないための打ち方を考えて、それを練習すること。これもテーマになる。

いずれにしても、こうしたテーマを見つけるためには、ふたつのことを知っていなければならない。

ひとつは、「正しいスイングとはどういうものか」ということ。つまり〝正しい理論〟だ。そして、もうひとつは「自分を知る」ということである。

〝正しい理論〟については、自分で本やDVDを見て勉強するか、レッスンプロや上級者から教わるしかない。こういうと、「レッスンはともかく、ゴルフのレッスン書や雑誌を見て、それなりに研究している」というゴルファーも多いだろう。

しかし、そこに大きな落とし穴がある。ゴルフのスイングを言葉で解説するのはひじょうに難しく、そこには〝誤読〟する余地がたくさんあるからだ。レッスン書の書き手は〝正しい理論〟を伝えているつもりでも、それを誤読しては、下手を固めることになりかねないのだ。

映像の場合は、〝誤認〟の危険性がある。映像のお手本になるのは、一流のプロゴルファーという場合がほとんどだが、そのスイングは、プロのような筋力がないと不可能なものかもしれず、そうとも知らずにプロのスイングを真似《まね》ようとすれば、体に無理がかかるだけで、結局はこれも下手を固めることになる。

あるいは、映像では、微妙な重心の移動やスイングの要所要所でどの筋肉を使っているかなどがわからず、そこに気をつけていないと、やはりスイングが間違った方向にいってしまう――つまり、やはりこれも下手を固めることになってしまうわけだ。

〝正しい練習〟こそ〝正しい理論〟に気づく近道

では、どうすれば〝正しい理論〟を知ることができるのか？

理想は、優《すぐ》れた指導者からマンツーマンで指導してもらうことだが、それは時間的にも金銭的にも無理だというなら、アマチュアの指導力に定評のあるコーチやプロの書いた本（スイングそのものについて詳述された本）をつまみ食いしないで何度も読むことである。

ゴルフのレッスン書とは不思議なもので、「できないときにはわからなかったこと」が「何かの拍子《ひょうし》でできたときにはわかる」ことが多い。それはまさに目からウロコが落ちる瞬間で、そのときそのゴルファーは階段をひとつ上ったと思っていい。ただ、レッスン書のなかには、ていねいに読んでもピンとこず、そのとおりやってみてもいっこうに効果があらわれないものもある。それは、その本の書き手が間違っているのではなく（ごくまれにそういうケースもあるけれど）、読者との相性が悪かったと思うしかない。

ゴルフのスイングを言葉で説明するにはさまざまな言い方があるが、言い方によってピンとくる人もいればこない人もいる。ある本を何度も読んでも、どうしてもピンとこない、効果がないという場合は、別の人の言葉、つまり別の本を読んでみるしかない（同じことは、指導者についてもいえる）。

もうひとつは、これからこの本で紹介していくような〝正しい練習〟に真面目に取り組むことだ。〝正しい練習〟は、スイングの肝《きも》のある部分（すべてではない）に気づかせてくれる。

たとえば、体重移動をマスターするための練習があるとして、そのとおりにやってみると、そこで初めて「体重移動とはこうやるものなのか」ということが実感できるような仕掛けになっている。まさに論より証拠。言葉では伝えにくいスイングの肝が、体に一定の動きや特殊な動きを強要することで実感できるのである。

自分に必要な〝正しい練習〟をいくつか組み合わせ、それらを少しずつ自分のものにしていくことによって、しだいに〝正しいスイング〟が自分のものになってくる。ゴルフの練習とはそういうものなのだ。

自分を知らないとどんどん下手が固まる

さて、練習のテーマを見つけるためには、〝正しい理論〟と、もうひとつ「自分を知る」ことが大切だといった。

これはまあ、いうまでもないほど当然の話で、たとえていえば医師が患者の症状を聞いても、悪いところがわからないと、治療のしようがないというのと同じである。これも、優秀な指導者がいれば、すぐにあなたのスイングの欠点を見抜き、その治療法を教えてくれるものだが、そういう指導者がいないのなら、自分で自分の欠点を発見するしかない。

ところが、これがアベレージゴルファーには難しい。「スライスばかり」「よくダフる」など、症状はわかっていても、なぜそうなるのかがわからない。仮に〝正しい理論〟は知っていても、ゴルフのスイングというのは、往々《おうおう》にして「自分ではやっているつもり」のことが、じつはまったくできていなかったり、下手をすると正反対のことをやっていたりする。

それが証拠に、練習場でもコースでも、ミスショットをして「あれ？」と首を傾げる人のなんと多いことか！　プロや上級者が見れば、その人がミスショットするのは不思議でもなんでもない。その人はミスショットしか出ないようなスイングをしている、というだけの話なのだから。

それでも、ときに交通事故のようにタイミングが合うことがあり、そのときは嘘のように遠く真っ直ぐ飛んでしまうのが間違ったスイングの怖いところ。かくして、その間違ったスイングの持ち主は、なかなか勘違いから抜け出せず、しだいに下手が固まっていくというわけである。

では、なぜ、多くのアマチュアゴルファーが「自分を知らない」のか？

理由は至極単純で、それらの人は自分のスイングを見たことがないからだ。

よく練習場の鏡の前でスイングをしている人がいる。あれはあれで意味があるけれど、それでも鏡に映った自分のスイングと、コースでのスイングが違うのがアマチュアゴルファーだ。本当の自分を知るためには、コースでのスイングを撮影してもらい、それを見るしかない。仲間うちでラウンドするときは、スロープレーにならないよう、お互いのスイングを撮影してみることをぜひおすすめしておきたい。おそらく99パーセントのゴルファーが、プロゴルファーとは似ても似つかない、あまりにもおぞましい自分のスイングに目を背《そむ》けたくなるはずだ。

練習場でのスイングはラウンドほどひどくはないものだが、それでも映像で見せられれば、嫌でも欠点に気がつくはずだ。なかには、欠点が多すぎて、どこから手をつけていいかわからないという人も多いだろうが、ゴルフが上手くなりたいのなら、ひとつずつ解決していくしかない。

じつはゴルフのスイングというのは、ひとつの致命的《ちめいてき》な欠点が治ると、連鎖反応的に他の欠点が治るという場合が少なくない。1年でハンデを5つ以上減らしたようなゴルファーは、たいていそういう致命的な欠点を克服した人だと思っていい。

鏡を見るだけで欠点が治ることがある

ここで、自分のスイングを見れば、誰もが気づく致命的な欠点について述べておこう。それは、

①ボールの位置やアドレス時の姿勢（ポスチャー）が間違っている

②インパクトまで前傾角度がキープできていない
③インパクト時に、頭がボールより左にある（ビハインド・ザ・ボールになっていない）
④クラブが体の中心から外れている（グリップがつねに胸の中心にあるべき）
の4つ。スイングプレーンが極端なアウトサイドイン（スライス軌道）やインサイドアウト（フック軌道）になっているのも、突き詰めるとその原因は、この4つのいずれかにある。

逆にいえば、この4つが間違っていなければ、とんでもないショットは出ない。もっとも、おそらくそういうゴルファーは、とうの昔にシングルになっているはずではありますが。

ボールの位置やポスチャーは、自分のそれを鏡で正面や横から見れば、たちどころに正しいかどうかがわかるはずだ。

・上体を股関節《こかんせつ》から前傾させているか？
・その角度は適正か？
・グリップの位置（体との間隔、左右の位置）は適正か？
・スタンスの幅は適正か？
・背中が曲がっていたり、反《そ》りすぎたりしていないか？

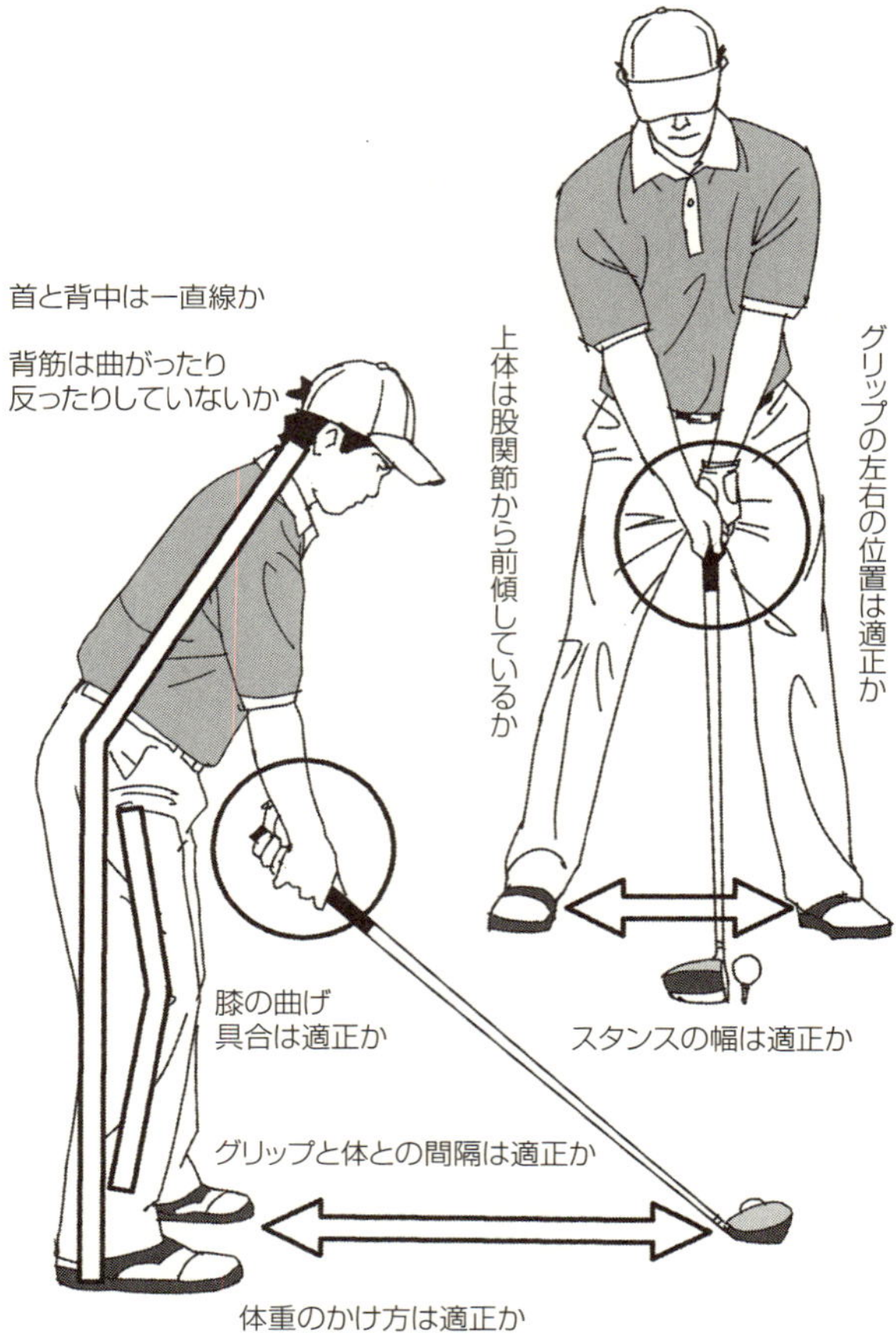
首と背中は一直線か
背筋は曲がったり
反ったりしていないか
上体は股関節から前傾しているか
グリップの左右の位置は適正か
膝の曲げ
具合は適正か
スタンスの幅は適正か
グリップと体との間隔は適正か
体重のかけ方は適正か

- 首の角度は背中と一直線か？
- 膝《ひざ》の曲げ具合は適正か？
- 体重のかけ方は適正か？

などなど。これらは、ゴルフ雑誌に掲載されているプロのポスチャーが見本になる。しかし、われわれの見るところ、練習場で鏡を見ながら自分のポスチャーをチェックしている人は、あまりにも少ないのだ。

他の3つについても、次章以降で紹介する練習をくり返せば、かならず治ることをお約束しておく。

「スイングをつくる練習」と「実戦想定の練習」を区別する

さて、ゴルフの練習にはつねにテーマが必要だといったが、そのテーマには大別すると2種類ある。

ひとつは、自分のスイングの欠点を治す練習、つまり「スイングをつくる練習」。もうひとつは、実際のラウンドを想定し、さまざまなライからボールを打つつもりで、高さや距離、曲げ具合を調節しながらボールを打つ練習、つまり「実戦を想定した練習」である。

ゴルフの練習をするときは、ふたつのうちこれから自分はどんな練習をするのかということを明確にしておくことが大切になる。

大方のアベレージゴルファーは、まずもって「スイングをつくる練習」が必要なはずだが、そうであれば、練習の8割はそれにあて、残りの2割をアプローチを中心とした、実戦向けの練習にあてるといいだろう。

ここでは、この2種類の練習についての注意点を紹介しておこう。

「スイングをつくる練習」ではテーマは一つに絞る

まず「スイングをつくる練習」の注意点だが、ひとつめは練習のテーマをひとつに絞《しぼ》るということである。

アベレージゴルファーの場合、スイングの欠点がひとつというのはありえない。

- ポスチャーが悪い
- テイクバックの方向が外すぎたり、内すぎたりする
- テイクバックの途中で、右膝が動く

●トップにいくまでに上体が起き上がる
●オーバースイングになり、トップでシャフトがクロスする
●ダウンスイングで、クラブがアウトから下りてくる
●ダウンスイングで、クラブが寝てしまう
●ダウンスイングで、早く肩が開いてしまう
●インパクト時に、頭が右に残っていない
●インパクトで腰が回らず、クラブを左に振り切れない
●フィニッシュでバランスを崩す
などなど。アベレージゴルファーなら、いまあげた欠点のうち、3つや4つ併せ持っていたとしてもなんの不思議もないが、だからといって、それらの欠点を同時に治そうとはしないことだ。というか、そもそも人間は、同時に複数の欠点が治せるほど器用ではないのだ。

まずは優先順位をつけ、ひとつずつ治していくことだが、最初に手をつけるべきは、当然ポスチャーだ。ポスチャーが悪ければ、ナイスショットなどまず望めない。

すでに述べたように、鏡の前でアドレス時の姿勢を取り、プロのポスチャーと見比べながら、自然で、どこにも余分な力が入っていない、しかし張りのあるポスチ

ャーをつくることから始めていただきたい。

ポスチャーの次は、バックスイングだ。

大半のアマチュアは、テイクバックからトップ、つまりバックスイングに問題がある。もちろん、スイングの後半にも問題はあるのだが、その原因は、バックスイングにあるというケースが圧倒的に多い。

ゴルフのスイングは、最初が悪いと、最後まで悪い。わずか1秒ちょっと終わってしまうのがゴルフのスイングで、最初が悪いと途中で修正することはひじょうに難しいのだ。

それでも、長くゴルフをやっている人のなかには、インパクトの前に無意識のうちにスイングが修正できることがあり、それが悪いクセになってしまっているゴルファーもいる。だが、これも自ら「下手を固めた」結果というしかない。やっかいなことに、こうした悪癖《あくへき》を治すのは、ビギナーが正しいスイングをマスターするよりも時間がかかることが多い。これもゴルフが難しいといわれる理由のひとつとはいえるわけだが。

ともかく、ゴルフのスイングでは、バックスイングがひじょうに大切になる。奥《おく》田靖己《だせいき》プロも、NHKのレッスン番組で、「トップまでがすべて」と言い切っていたように、2章で紹介する練習によって、スムーズかつ軌道を外れないバックスイングの完成を目指してほしい。

ちなみに、練習のテーマをひとつに絞るというのは、実際のラウンドでもそうあるべき。ゴルファーがラウンド中に意識できる注意点は、ポスチャーでひとつ、スイングでひとつがせいぜいだ。ラウンド中も、現在取り組んでいるテーマだけを意識すること。それ以外のことも考え出すと、スイングがバラバラになり、惨憺《さんたん》たる結果に終わってしまう。

ボールがどこに飛んでも結果は気にしなくていい

ふたつめの注意点は、「スイングをつくる練習」では、結果を気にしないということだ。

スイングの欠点を矯正するための練習には、あなたがこれまでやったことのない体の動きや実際のスイングではありえないような極端な動きが求められるものが少なくない。当然、最初のうちはうまくボールに当たらないはずだが、そんなことはまったく気にすることはない。

この手の練習で大切なのは、ボールがどこに飛んでいったかという結果ではなく、自分の体に正しい動きを教え、それを自分のものにすることにある。まあ、正しい動きができるようになれば、結果もよくなるはずだが、いい結果を出すことが目的ではないということは頭に入れておいてほしい。

また、この手の練習（いままでと違う体の動き）は、あなたに強烈な違和感をもたらすことも少なくない。しかし、だからといって、元に戻してしまっては練習の意味がなくなる。

あるいは、元に戻しているつもりはなくとも、無意識のうちに〝手抜き〟をしてしまうという場合もあり、これもいけない。

たとえば、ほんとうは右膝が動かないようもっと我慢すべきところを、「まあ、このくらい我慢していればいいか」と、自分に甘くなってしまうのだ。

そのあたり、コーチ役がいれば「まだ少し動いている」のように指摘してくれるはずだが、自分だけでは、そのあたりの判断がどうしても甘くなる。そこが一人で行う練習の難しいところではあるのだが、ビデオに撮るなどすれば、新しい体の動きがどこまで自分のものになったかがわかるはず。「スイングをつくる練習」では、できるだけ厳しく自分に接することが大切なのだ。

必ずフィニッシュをとらないとスイングはつくれない

「結果を気にしない」という意味では、どんなショットでも、かならずフィニッシュをとるということも大切になる。

アベレージゴルファーの場合、ラウンドでのスイングでしっかりフィニッシュがとれれば、結果はナイスショットということが多い。

逆にいえば、ほとんどのショットがフィニッシュがとれないまま終わっているわけだが、では、練習場で打つときくらいはきちんとフィニッシュをとっているのかといえば、そうでもない。コースと同じように、バランスを崩したり、クラブを振り切るまえにスイングをやめてしまったり、練習場で1球1球フィニッシュをとっているゴルファーなど、めったにいないものだ。

ゴルフのスイングでフィニッシュがとれないのは、技術的な理由だけでなく、気持ちの問題が大きい。つまり、上手く当てたい、真っ直ぐ遠くに飛ばしたいという気持ちが強い人ほど、逆に「上手く当たらないんじゃないか」「曲がるかもしれない」という不安が強くなるのがゴルファーの心理。そのため、そういう人は、思い切ってクラブを最後まで振り切れなくなるのだ。

素振りなら、誰でもフィニッシュがとれるのに、目の前にボールがあると、不安が頭をもたげてきてフィニッシュがとれなくなる。しかし、練習場では、ボールはどこに飛んでいこうとかまわないのだから、不安に感じる必要はない。とにかく結果を気にせずに、クラブを振り切ることが大切。練習場でフィニッシュがとれないゴルファーが、本番でフィニッシュをとれるはずがないのだ。

スイングづくりは迷わず1本のクラブで

「スイングをつくる練習」では、1本のクラブを徹底的に打ち込むということも大切だ。明確なテーマもなく、ただ「真っ直ぐ飛ばしたい」というだけのゴルファーは、ウェッジから始まって、1本のクラブを10球くらい打つと、もう少し長いクラブ……というふうにクラブを取っかえ引っかえしている人がほとんどだが、これはただの気晴らし。スイングをつくる練習ではない。

明確なテーマのある練習では、使うクラブは1本に絞るべきなのだ（練習メニューによって、使用クラブが指定してある場合は、それに従えばいい）。

たしかに、1本のクラブばかり打っていれば、飽《あ》きがくる。気分転換もしたくなるだろうし、実際のラウンドが気になって、「他のクラブも打っておかなきゃ」という気になるのもわからないではない。

しかし、ひとつのテーマを持って練習しているときは、あれこれクラブを変えるべきではない。

たとえば7番アイアン（7Ｉ）で練習を始めたのなら、練習の8割は7Ｉで通すのだ。7Ｉでうまくいかないからと、9番アイアン（9Ｉ）に戻す——まあ、7Ｉが実力的に分不相応というのであればそれもやむをえないが、だったら最初から9Ｉを徹底的に打ち込めばいい。そして、9Ｉはもう大丈夫となったら、次に7Ｉに持ちかえる。ダメならまた9Ｉに戻り、ＯＫとなったら、再び7Ｉに戻る。

そうやって行きつ戻りつ一歩一歩階段を上がっていくのが練習というもので、いろんなクラブに手を出すのでは、いつまでもそのテーマは克服できないのだ。

こうしてひとつのクラブをしつこいくらいに打ち込んでいくと、テーマとしている体の動かし方がしだいにわかってくる。

さらに、1本のクラブで打ち続けていると、そのクラブに最適のボールの位置がわかってくることも大きい。ミスショットの大きな原因として、ボールの位置が違

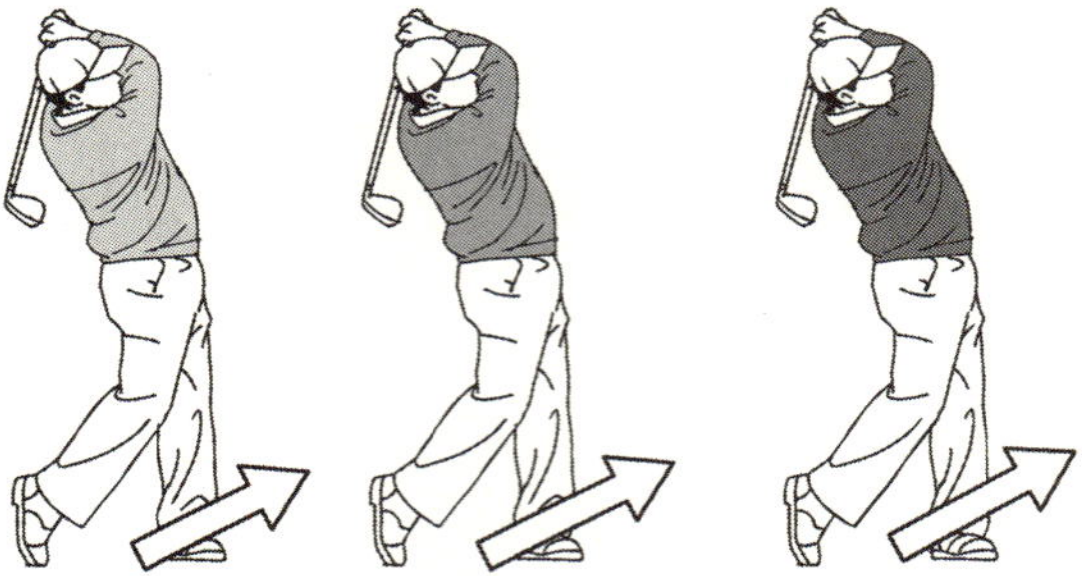

得意のクラブをつくっておけば、それは実戦で大きな“武器”となる

うということがあるが、ひとつのクラブを徹底的に打ち込んでいると、そのクラブの最適のボールの位置が体に染み込んでくるのだ。

結果として、打ち込んだクラブは、あなたの得意クラブになる。得意クラブが1本でもあることは、ラウンドでの大きな武器になる。

たとえば7Iが得意になれば、7Iで、8Iや6Iの距離が5ヤード前後の誤差はあるものの、だいたい打てるようになる。

信頼できるクラブで3通りの距離が打ち分けられるようになれば、もうほとんどシングルといっていい。

何も考えずに20分で100球打ってみる

「スイングをつくる」練習では、テーマが必要だといった。当然、1球打ったびに、「いまのスイングはどうだったか」ということをチェックすることになり、時間もかかる。100球打つのに、ゆうに1時間はかかるはずだ。

しかし、ときには15~20分で100球打つくらいのスピードで練習してみるのもいい。だいたい10秒で1球だから、スイングについて考えているヒマはない。だが、それがいいのだ。

何も考えずに、クラブヘッドの動きだけを感じて、次から次へと打ってみる。すると、これまで気がつかなかったものが見えてくることがある。たとえばそれは、自分なりのリズムだったり、〝クラブに仕事をさせる〟感覚だったりする。

まあ、いつもこういう練習をせよとはいえないけれど、ゴルフの練習はマンネリ化しがち。ときには、ふだんやらない練習をすると、何かしら発見があるものだ。

練習でも1球ずつピンポイントに狙う

さて、次は「実戦を想定した練習」の注意点だ。この場合は、練習場をいかにコースに近づけるか、ということを考えればおのずとその注意点が見えてくる。

ひとつは、どんなショットを打つときも、かならず明確なターゲットを設定するということである。このときのターゲットは、「ネットの真ん中あたり」というのではアバウトすぎる。もっと細かく、「方向は右から二つ目の柱の2ヤード内側、高さは180ヤードの看板より5ヤード下」のように、ピンポイントで狙うべきなのだ。

もちろん、180ヤードも先の〝点〟にうまく的中することなど、ほとんどないだろう。しかし、できるできないは別として、コースでは、そういう狙い方をしないと、いつまでたっても進歩がない。「だいたいあの辺り」のほうがプレッシャーが少なく、結果としてうまくいく場合もあるけれど、実際は「あの辺り」とはいっても、「右の木の10ヤード左」のような明確な目標があるはず。

つまり、ゴルファーは、アバウトなようでいて、やはりつねにピンポイントに狙っている。これはゴルフがターゲットスポーツ、つまり弓道や射撃、ダーツのように〝的《まと》を狙う競技〟である以上、当然といえる。

同じクラブで続けて打つときも、1球1球、1ヤードでいいからターゲットを変えること。ターゲットを変えないと、意識して狙わなくとも、しだいにその方向にボールが飛ぶようになる。それは方向性がよくなったのではなく、その方向に打つことに体が慣れただけの話なのだ。

実戦を想定し、1球ずつクラブを変えて打ってみる

ラウンド中、同じクラブで2球以上続けて打つことはまずない。OBのあとの打ち直しや、一度でバンカーから出なかったときなど、大きなミスをしたときは例外だが、ゴルフは、つねに〝最初の一打〟で結果を出さなければならない。

そこで、練習でも、実戦を想定して行なうときは、1球1球クラブを変えてスイングしてみるといい（それが面倒なら、せめて1つのクラブで打つ球数は5球くらいまでにして、1球めに自分のイメージしたボールが打てるよう集中すること）。

同じクラブで何球も打っていれば、しだいにタイミングや方向性もあってくるものだが、この練習では、そういう甘えが許されない。百発百中ならぬ〝一発必中〟のスイングで、それなりの結果を出さなければならないのだ。

この練習は、想像以上にプレッシャーがかかる。人間というのは、状況を思い浮かべるだけでけっこうその気になれるのだ。

ホームコースなど、よく知っているコースを想定して、スコアカードをつけながら仮想ラウンドするのも面白い。

最初に1番ホールのティーグラウンドに立ったつもりで、本番と同じプレショットルーティンをやってから、ドライバーを打つ。スライスして、もしそのホールが右に斜面があるのなら、2打目は右の斜面、つまりつま先上がりのライから打つつもりでクラブを選び、距離と球筋をイメージしてグリーンを狙う。想定以上にフックしたのなら、グリーンの左に外れたと仮定して、3打目はそこからのアプローチだ。ボールの高さや落下地点、ボールの転がりをイメージして、狙いどおりに打てればOKに寄ったと考えてパー。狙いと違えばボギーというわけだ。

こうして18ホール回れば、格安でラウンドも楽しめる?

調子が悪いときは練習はほどほどに

プロであれ、アマチュアであれ、ゴルファーには誰でも好不調がある。まあ、アベレージゴルファーは、調子を云々《うんぬん》する以前に、スイングができていないという面も大きいのは事実だが、それでも、3日前のラウンドではベストスコアが出たというのに、その3日後には、まるでボールが芯に当たらないということがざらにある。

ゴルフのスイングは、その日の体調や関節、筋肉の状態によって微妙に変わってくる。プロなら、そのあたりを察知してスイングを微調整することができるけれど、アマチュアでは無理。その結果、「あれ、おかしい」「なぜ、曲がるの?」となって、カッカしながらボールを打ち続けてしまう。しかし、これでは体に負担がかかるだけ。いや、不調なときは、当然ながらスイングもおかしくなっているわけで、そんなスイングをくり返せば、「下手を固める」ことにもなる。

調子が悪いときは、練習はやめて、悪いイメージが残らないようにしたほうがいい。あるいは、得意なクラブでハーフショットだけをくり返す、ウェッジで10ヤードくらいから始めて、徐々に距離を長くしていき、フルショットまで持っていく。そして、いいイメージが出たところ(ボールがつかまって、ややドロー気味になる)で練習はストップする。そこで調子にのって、長いクラブに持ちかえると、たいていもう一度、不調の波に飲み込まれてしまうから要注意だ。

好調な時こそ徹底的にがんがん打ち込め

では、ショットが好調なときはどんな練習がいいか?

プロのなかには、いいイメージをキープしたいからという理由で、好調時には練習しないゴルファーもいるけれど、アマチュアの場合は逆。こんなときこそすべてのクラブをがんがん打って、苦手なクラブも得意に変えてしまうくらいのつもりで打ち込むことだ。

さらに、持ち球がドローなら、フェードボールを打ってみるとか、ふだんはめったにやらないロブショットの練習をしてみるなどもいい。とにかく、こんなときは自分のゴルフをステップアップさせるための絶好のチャンスなのだ。

また、好調時には、「なぜ、好調なのか」その理由について考えてみることも大切だ。めったに訪れない（?）好調時なのだから、その理由を見つけておかないのは損。理由がわかれば、次に訪れるであろう不調時から早く脱出できるかもしれない。その意味では、好調時のスイングをビデオに撮影して永久保存版にしておくとか、ボールの位置を大きな紙に書いておくということをやってもいい。

もうひとつ、クラブを買い換えるのも、好調時のほうがベター。「うまく打てないからクラブを買い換える」のではなく、「うまく打てるうちに、もっと飛んで曲がらない（はずの?）クラブに買い換える」のが正解なのである。

1章

練習場ではいいのに、本番でイマイチなあなたへ——

実戦で役に立つ 頭がいい 練習場の使い方

練習場には“恐るべき罠”が潜んでいる

「練習場シングル」という言葉がある。練習場ではシングル顔負けのいいショットが打てるのに、コースに出ると人が変わったようにミスショットばかり……というゴルファーのことだ。

理由として、メンタル面の弱さがよくいわれるが、それだけではない。練習場シングルといわれるような人は、練習場にひそむ罠《わな》に気づかず、ほんとうは自分のショットがミスショットなのに、まあまあだと勘《かん》違いしている可能性が高いのだ。

この章では、こうした練習場の罠について紹介しながら、頭がいい練習場の利用方法やオーソドックスな練習メニューについても紹介していくことにしよう。

さて、練習場にひそむ最大の罠。それは、アイアンショットでは、少々ダフっても、ボールにちゃんと当たってしまうということである。

練習場の人工芝のマットは、ボールの手前3センチくらいのところでダフっても、クラブのソールが滑《すべ》ってボールに当たってしまう。コースでなら、ヘッドが芝に突き刺さってほとんどボールが飛ばないような大ダフリでも、練習場ではナイスショットに見えてしまうのだ。

この〝練習場の大ダフリショット〟は、ダフっていてもボールが高く上がるのが特徴。練習場では、むしろ低く打ち出されたボールのほうが、ナイスショットという場合が多いのである。

マットでのアイアンショットがナイスショットかどうかは、インパクトの音でもわかる。「ドドッ」「バシャッ」のような濁《にご》った大きな音ではなく、「ピシッ」という乾《かわ》いた音、一眼レフカメラのシャッター音のような「カシャッ」という歯切れのいい音が、ナイスショットしたときの音だと思ってほしい。まあ、インパクトでそういう音がしたときは、手応《てごた》えも軽やかだからすぐにわかるはずですが。

マットの罠にはまらないためには、低めにティーアップした球を打つのもいい。日本のゴルフコースのフェアウエイは、硬くて目のきつい高麗芝《こうらいしば》が使われているところが多い。つまりフェアウエイにあるボールは、芝の上に浮いたような状態にあり、それはちょうど低めにティーアップしたボールを打つのとよく似ているのだ。

ティーアップしたボールを打つと、ミスショットしたときにすぐにわかるから、スイングづくりにも最適だ。

練習場のボールとコースボールの違いを知っておく

練習場の、もうひとつの罠。それは練習場で使われているボール（レンジボール）とコースで使うボール（コースボール）は、その性能が違うということである。

レンジボールは、耐久性があること、ネットを傷《いた》めないこと、などを考慮して、コースボールよりカバーが丈夫で、コンパクション（硬さ）が柔らかくつくられている。その結果、コースボールにくらべると1割がた飛距離が落ちる。

練習場ではその点を考慮して、実際は90ヤードしかなくても、100ヤードのように表示してあるところが少なくない。つまり、練習場の距離表示は、あくまで〝飛ばないレンジボール用の距離表示〟が多いのだ。練習場でぱっと見たときの距離感をつくってしまうと、コースでは距離を長めに判断しかねないから要注意だ。

また、レンジボールは、球が柔らかい分だけクラブヘッドとの接触時間が長くなりやすい。その結果、ボールがつかまりすぎて、左方向に飛びやすいということも知っておいたほうがいい。練習場では真っ直ぐ打てるのに、コースではつかまりの悪いスライスボールが出るという人が多いのは、そのせいもあるのだ。

というわけで、練習場では、コースよりドローが出やすいのがふつう。にもかかわらず練習場でもスライスしか出ないという人は、自分は相当なスライサーだと自覚する必要がある。

〝指定席〟をつくるべきか、空いてる打席でOKか

あなたは、行きつけの練習場に好きな打席や嫌いな打席はありますか？

どこの練習場でも、たいてい1階の真ん中あたりから打席が埋まっていくから、多くのゴルファーは、やはりそのあたりが好きなのだろう。なかには、他の打席は十分に空いているのに、真ん中の打席が空くまで待っているという人もいる。

しかし、練習場にこうした〝指定席〟はつくらないほうがいい。なるほど、〝指定席〟は視野が広かったり、自分の球筋に合っていたりなど、打ちやすいのかもしれない。しかし、実際のコースでは、いつも自分の打ちやすい場所にボールがあるとは限らない。プロでも、18ホールのなかには、どうしてもティーショットが打ちに

くいホール（アドレスがとりづらいホール）があるという。アマチュアなら、もっと打ちにくいホールがあって当然だが、そういう苦手を克服しない限り、スコアアップは望めない。いつも自分の打ちやすい打席で練習していては、いつまでたっても苦手が克服できないのだ。

いつもと違う打席は、たとえひとつ隣というだけでも、微妙に風景が違うもの。その違いをコースに見立てて楽しむくらいの余裕がほしい。

また、入口付近の打席は、なにかと人目が多いから、敬遠する向きも多そうだが、コンペでの1番ホール、仲間から注目されながらティーショットを打つつもりで練習してみれば、プレッシャーを克服する練習にもなる。

スライサーもフッカーも両端から打てば治る

練習場の打席で、最後まで空いているのが、たいてい両端の打席だ。なかには、鏡の前で練習したいからと、あえて右端の打席を利用する人もいるけれど、そういう例外を除けば、打席のすぐ横にネットがある両端の打席は、たいていのゴルファーが嫌うはずである。

しかし、この両端の席、スライサーやフッカーにとっては、ひじょうに利用価値の高い打席なのである。

まずはスライサーの人は、右端の打席に立ってみよう。そして、すぐ右にあるネットをOBラインか池に見立てて、絶対に右のネットに当たらないように打ってみるのだ。

そうやって何球も打っていくうちに、スイングの善し悪しは別にして、しだいに「右に曲げないコツ」のようなものがわかってくる。それはスタンスの向きだったり、ボールの位置を少し右に寄せることだったり、テイクバックの方向をアウトサイドにすることだったり……その方法は人それぞれだろうが、それでかまわない。

ここでは、自分なりに「絶対に右に曲げない打ち方」を見つけるということに大

“打ちやすいフック”の練習でスライスを矯正

きな意味がある。もちろん、そういう打ち方が身につけば、それがコースではひじょうに大きな武器になることはいうまでもない。

あるいは、同じスライサーでも、左端の打席を使うという方法もある。

左端の打席からは、ボールがいったん右に出て、途中から左に曲がるフックが打ちやすい。つまり、〝打ちやすいフック〟の練習をすることでスライスを矯正《きょうせい》しようというわけだ（前ページのイラスト参照）。

フッカーの場合は、これまで述べたことの逆。

右端の打席なら、〝打ちやすいスライス〟の練習をすることでフックの矯正になるし、左端の打席なら、なんとか左のネットに当てないようにすることで、これもフックの矯正になるというわけだ。

“打ちやすいスライス”
の練習でフックを矯正

1階打席で練習するとじつは下手を固める?!

練習場の打席は、たいてい1階から埋まっていく。

1階のほうが人気があるのは、①打席とボールの落下地点が水平で、平坦《へいたん》なコースがイメージしやすい、②アプローチの距離感がつかみやすい、③天井が高いから、高いボールを打っても当たらない、などの理由が考えられる。

その点、2階は、①すべてのショットが打ち下ろしになる、②アプローチの距離感がつかみにくい、③天井が低くなり、ネットにボールが当たる、などの理由で嫌われるのだろう。しかし、練習場によっては、1階打席で練習していると、下手を固めることになるから要注意だ。

それは、1階打席からだとボールの落下地点が少し高くなっているような練習場だ。練習場によっては、3階建てにするために、1階が半地下になっていたり、あるいはボールの落下地点がよく見えるよう、わざわざ向こう側が高くなるようにつくられているところがある。極端な場合は、山の斜面に向かって打たなければならないようなところもある。

つまり、こういう練習場は、1階打席からだと打ち上げに向かって打つことになるわけだが、いつも打ち上げに向かって打っていると、頭ではそれがわかっていても、ボールの弾道がどうしても低く感じるようになってくる。

その結果、知らず知らずのうちに、煽《あお》り打ちやすくい打ちの悪癖が身についてしまうのだ。ゴルフのスイングで、これは致命的といっていいほどの欠陥だ。

その点、2階打席は、ボールを上げようとする必要がないから、そういう悪癖は身につかない。いや、上級者のなかには、2階打席のほうがボールの落下地点がよく見えるから、かえってアイアンの距離感をつかむ練習には最適という人も多い。

2階打席は、1階打席より空《す》いているし、料金も安いところが多い。南向きの練習場の2階打席は、冬でも晴れている日は半袖で練習できるほど暖かいもの。1階と2階、どっちが得か、よーく考えてみていただきたい。

自動ティーアップ装置と時間内打ち放題に潜む罠

練習場には、まだまだ罠がある。そのなかには、一見するとゴルファーにとって便利で得になるようなことも含まれる。

そのひとつが、自動ティーアップ装置が設置してある練習場である。ボールを打つと、自動的に次のボールがティーアップされるこの装置。1球1球、自分でボールをティーアップする手間がないから、いかにも楽チンそうなのだが、この装置を利用するのは、ちょっと考えものなのだ。

ひとつは、自動的にティーアップされると、プレショットルーティンができないということがある。実戦向けの練習では、1球1球、プレショットルーティンをすべきだとまえにいった。プレショットルーティンは、ボールを自分でティーアップするところから始まるが、その最初のところを機械任せでは、プレショットルーティンにならないのだ（その意味では、左足とクラブヘッドで器用にボールをはさんでティーアップしている人も同様）。

さらに、この装置では、ボールを打つやいなや、すぐに次のボールがセットされるから、ショットとショットの間がなくなって、スイングのリズムまで速くなりかねない。ムダ球をたくさん打つことにもなるだろう。練習場は売上増を狙っているのだろうが、自動ティーアップ装置はあっても、使わないほうがいい。

次は、料金システムの罠だ。練習場には、打ったボールの数で料金が決まるところと、時間内なら何発打っても料金は同じというところ、つまり時間内打ち放題制をとっているところがある。

体力があって、がんがん打ちたい向きには、後者のほうがお得になることが多いはずだが、ここにも罠がある。こういう練習場では、誰でも「何発打てば元がとれる」という計算が働くもの。すると、ついつい休憩時間も惜《お》しんで、1発でも多く打とうしてしまう。これがいけない。

たしかに、アプローチの練習や、プロローグで紹介したような「何も考えずに20分で100球打つ」のような練習には向いているが、1球ごとに自分のスイングをチェックする、本来の練習には時間内打ち放題は不向きな練習場なのだ。

不朽の名著『モダン・ゴルフ』を書いたベン・ホーガンは、練習の虫とはいわれたが、20〜30球ボールを打ったら、かならず休憩をとって、その間スイングについて〝考えて〟いたという。ゴルフの練習は、ただ闇雲《やみくも》に打てばいいというものではない。しかし、打ち放題は、ついつい人を闇雲にさせてしまうのである。

風が強い日に練習はどうすべきか

ゴルファーにとって、自然の大敵といえば、これはもう風だろう。雨は、傘やレインウエアを着ればしのげるけれど、風だけは防ぎようがない。プロでも、風の強い日は、ふだんより2～3打スコアが悪くなるのがふつう。アマチュアなら、その被害はもっと大きい。

だから、風の強い日は、練習日和だということもできる。なんであれ、ゴルフでは苦手を克服しないかぎり上達は望めない。だから、風の強い日にこそ練習に出かけて、アゲンスト用の低いボールや、風とケンカさせたり、風に乗せたりするショットの練習をすればいい、というわけである。

なるほどこれは一理ある考え方だろう。しかし、かの球聖ボビー・ジョーンズは、背中から風が吹く日、つまり左から右のスライス風のときは、練習をしなかったという。なぜなら、彼の持ち球はドローボールで、こんな日は、ボールがうまくドローしないからだ。

むろんスライス風が吹いているのだから、ボールがドローしないことくらい、ボビー・ジョーンズだってわかっていた。それならそれで練習のしようはいくらでもありそうなところだろう。しかし、彼があえて練習しなかったのは、どれだけ頭でドローしないことがわかっていても、それでもなんとか自分の持ち球を打とうとするのがゴルファーだということを彼はよく知っていたからである。

つまり、ふだんにもましてボールをつかまえようとして、結果としてスイングを壊《こわ》してしまう。それが彼は怖かったのだ。

強烈なアゲンストの風のなかでは、レンジボールというのは悲しいくらいに飛ばないものだ。それが頭ではわかっていても、ついついスイングに力が入ってしまうのがゴルファー。よほどの覚悟と、自分を律する精神力がない限り、風が強い日の練習はやめておいたほうが無難なのである。

「スイングづくり」には〝鳥籠〟の練習場がいい

練習場には、奥行きが250ヤード以上あり、天井もないような広々したところもあれば、ビルの一室につくられた〝鳥籠《とりかご》〟のようなところもある。

どちらが人気があるかといえば、いうまでもなく前者のような練習場だ。

広々とした練習場には、たいてい距離の違うグリーンが複数あるから、距離感や方向性を養うための実戦的な練習がしやすい。

また、なにより、ドライバーの落下地点まで見渡せるのは気分がいい。「よし、奥の250ヤードの看板に当ててやろう」と、ドライバーをカッ飛ばすのは、たしかにストレス解消にはもってこいだ。

ただ、こうした広々とした練習場をホームグラウンドにしているゴルファーには、往々にして振りが大きい人が多い。広くて距離があるだけに、どうしてもその練習の主体はドライバーになりがち。その結果〝振り回すスイング〟が身についてしまうのだ。

「スイングづくり」という意味でなら、じつは〝鳥籠〟のほうが向いている。なぜなら、〝鳥籠〟の中でボールを打つと、どこにボールが飛んだかがわからないから（上級者になると、打感や自分のスイングの善し悪しで、距離や球筋がわかる）。

つまり、結果を気にしようにも気にできないわけで、その分、きちんとフィニッシュがとれる。結果として、広い練習場で練習するよりスイングが早く完成するというわけである。

〝鳥籠〟の練習は、いってみれば「実際にボールを打つ素振り」とでもいえばいいだろうか。次の2章で述べるように、スイングづくりには、素振りがひじょうに効果的なのだ。

たしかに素振りに近い〝鳥籠〟での練習は、結果がすぐにわからないから、やっていて楽しいとはいえない。ゴルフの練習を続けるためには、楽しみも必要という考え方には一理あり、その意味で、広々とした練習場を否定することはもちろんできない。

ここでは、ストイックにスイングづくりを目指している人には「〝鳥籠〟がベスト」とだけいっておくことにする。

練習は、できるだけラウンドと同じ服装でする

練習場には、仕事帰り、あるいは仕事中にやってくるゴルファーも少なくない。なかにはネクタイをしたまま、靴はビジネスシューズという人もいるが、ゴルフの練習は、できるだけラウンドと同じ服装でやったほうがいい。

理由は単純。服装が違うと、スイングも違ってくるからだ。

まあ、スーツを着たままゴルフの練習をする人はいないだろうが、ワイシャツならOKかというとそうではない。ワイシャツはポロシャツとくらべれば、どうしても伸縮性に劣る。その結果、体の動きが制約されて、いつもよりスイングが小さくなってしまうのだ。

わざわざふだんと違うスイングで練習する必要はどこにもない。いや、必要がな

いどころか、そんな練習では、自分のスイングを壊《こわ》すことにもなりかねない。

プロゴルファーの青木功は、朝、気温が低くてセーターを着てスタートすると、少々暑くなってもずっとセーターを着続けていたという。ゴルフのスイングというのは、服一枚着たり脱いだりするだけで変わってしまうからだ。そのことは、アマチュアでも、レインウエアを着たときの違和感を思い出せば、すぐに了解されるはずだ。

その意味でいうと、最近流行している、肌にフィットするインナーウエアも要注意だ。その効果について疑っているのではない。あの手のウエアは、着用しているときとそうでないときとでは、筋肉や関節の動きがかなり違う。そうであれば、練習のときから着用して、着用時の感覚に慣れておいたほうがいい。

靴については、ビジネスシューズやサンダルが論外であることはいうまでもないが、問題は、ゴルフシューズかスニーカーかという点だ。

スパイク付きのゴルフシューズは、床が人工芝なら問題ないが、ゴムマットの場合、スパイクが浮いてかえって滑りやすかったり、足元が高くなったりする。さらに、床が芝より硬いためスパイクが磨耗《まもう》しやすいということもある。一方、スニーカーは人工芝でもゴムマットでも滑りやすいという欠点がある。

結局、ベストは、スパイクレスのゴルフシューズ。これなら、練習場の行き帰りも履《は》いたままでＯＫだ。

マットの向きではなく あえて斜めに打ってみる

さて、練習場の利用方法について紹介してきたが、ここからは、プロローグで述べた「実戦を想定した練習」の、もう少し具体的なメニューを紹介していこう。

練習場の打席やマットは、たいてい正面にあるネットの真ん中に向けて設置してあることが多い。マットの向きに合わせてスタンスを取れば、狙う場所は自動的にネットの真ん中ということになる。

しかし、毎回毎回、マットの向きに合わせてショットの練習をするのは、あまり頭のいいやり方ではない。なぜなら、実戦のラウンドでは〝正面〟ではなく〝斜め〟方向に打たなければならない場面のほうがずっと多いからだ。

ここでいう〝斜め〟とは、たとえば右ラフからグリーンを狙ったり（〝斜め左〟狙い）、フェアウエイの左端からグリーンを狙う（〝斜め右〟狙い）という場合だ。アマチュアなら、フェアウエイの真ん中からグリーンを狙えるケース（練習場でいうと、マットの向きに合わせて〝正面〟を狙うケース）というのは18ホールのうち数えるほど。実際は〝斜め〟に狙わなければならないケースのほうが圧倒的に多いはずだ。

そういう場面を練習場で再現しようとすれば、狙いはネットの正面ではなく、ネットの右隅《すみ》や左隅ということになる。そこで、そこに狙って打つのだが、これがじつに難しい。ショット以前に、スタンスの向きを正しくとるのが難しいのだ。

理由は、そこが練習場だからだ。つまり正面のネットに対してスクエアになるよう置いてあるマットが、〝斜め〟を狙うときの邪魔をするのだ。

だからといって、マットの向きを変えてはこの練習の意味がない。それは、ラウンドでティーグラウンドの向きが変えられないのと同じ。コースでは、ティーグラウンドがフェアウエイの真ん中を向いていないホールがしばしばあり、それに気がつかないと、真っ直ぐ打ったつもりのナイスショットでも、ボールはラフや林の中ということがよくある。

結局、〝斜め〟に打つときは、ボールの後ろに立って、クラブで方向を確認。そのときの飛球線をイメージしながら、慎重にスタンスをとるしかない。すなわち、ラウンドと同じようなプレショットルーティンが必要になるわけだ。

つまり、この練習は、ラウンドでも、つねに正しい向きにスタンスがとれるよう

スタンスが正しくとれない
ときはクラブを置く
練習マットの向きと
違う方向に打つことで、
より実戦向きの練習になる

になるための練習、プレショットルーティンを身につけるための練習にもなるというわけだ。

やってみるとおわかりのはずだが、人によって、斜め右のときは正しくスタンスがとれるが、斜め左になるとスタンスの向きがおかしくなる、といったことがあるはずだ。これは、持ち球や利き目《き》などによって違ってくるのだが、いずれにせよ、同じ〝斜め〟でも、得手不得手があることがおわかりのはずである。

苦手な向きがわかったら、徹底的にその向きを練習すること。最初のうちは、正しい向きにクラブを置いて、それに沿ってスタンスをとるようにしてもいい。

プロも、練習場では、クラブや専用の

スティックを飛球線と平行に置いて、つねに正しい向きにスタンスがとれるような練習をよくしている。ラウンド中、つねに正しい向きにスタンスをとることはナイスショットのための絶対条件だが、これが意外なほど難しい。そのことは、プロがそうやって日々練習していることでもよくわかる。

1本のクラブで3方向に打ち分けてみる

これは、前項での練習のバリエーション。

たとえば9番アイアンで、最初に正面を狙ったら、次に右隅→左隅のように、1球ずつ3方向に打ち分ける練習である。

ポイントは、同じ方向に続けて打たないこと。失敗すると、どうしてももう1球打ちたくなるが、それをやっては実戦を想定した練習の意味がなくなる。やはり〝一発必中〟の心構えが大切なのだ。

最初のうちは、ボールの30センチくらい先に、正面・左隅・右隅を狙うときの目印（スパッツ）になるようボールマーカーなどを置いておくといいだろう。実際のラウンドでも、落ち葉や芝の変色した部分、ディボット跡などをスパットにすること

同じクラブで、1球ずつ
3方向に打ち分けることも、
実戦向きの練習。打ち出し方向の
目印としてボールマーカーなどを置く

で、スタンスの向きが狂いにくくなる。

9番アイアンで方向が打ち分けられるようになったら、7番アイアン→5番アイアン→フェアウエイウッド、そして最終的にはドライバーでもできるようになれば、これはもうシングルもシングル、5下の腕前といっていい。

わざとボールを曲げ正しいスイングを知る

プロゴルファーは、「もっとも難しいのはストレートなボール。ボールは曲げるほうがやさしい」とよくいう。

いつだって「真っ直ぐ」打ちたいアマチュアのなかにはそういわれると首を傾《かし》げる人も多いはずだが、これには科学的とでもいうべき理由がある。

ボールが曲がるのは、インパクトでボールに横回転（サイドスピン）がつくからだ。インパクトでフェイスが少しでも右を向いていれば、コスリ球と同じで、ボールに右回転がつき、ボールはスライスする。反対に、フェイスが少しでも左を向いていれば、今度はつかまりすぎのボールと同じで、ボールに左回転がつき、ボールはフックする。真っ直ぐ飛ぶのは、フェイスが寸分違《すんぶんたが》わずスクエアに当たり、ボールに縦回転（順回転）だけがついたときなのだ。

プロがストレートなボールを打つのがいちばん難しいというのは、クラブフェイスを寸分違わずスクエアにボールに当てることがひじょうに難しいからだ。しょせんはプロゴルファーといえども人間。どんなにスクエアに当てようとしても、フェイスは、たとえ0・1度程度ではあっても、左右どちらかを向いた状態でインパクトを迎えてしまう。すると、200ヤード先では、ボールは左右10ヤードくらいは曲がるというわけである。

ただ、この曲がる方向には、ゴルファーのスイングの癖によって、一定の決まりがある。これがいわゆる〝持ち球〟というもので、ドローが持ち球のゴルファーは、真っ直ぐ飛ばすより、左に曲げるほうがよほど簡単ということになる。そして、その持ち球を磨いていけば、しだいにその曲げ幅もコントロールできるようになる。そのテクニックをほぼ完璧に身につけた超上級者が、プロゴルファーとでもいえばいいか。

ともかく、最初は曲げ幅などコントロールできなくていいから、とにかく無理やりにでもボールを曲げてみるのだ。

具体的な練習の仕方は、次項で紹介するが、ボールを曲げる練習をすすめるのは、ボールが曲がる仕組みをスイングを通して理解することで、「できるだけ真っ直ぐ飛ばすスイング」つまり「正しいスイング」とはどういうものか、がわかるようになるということがひとつ。やはり、できることなら、ボールはできるだけ真っ直ぐ飛ばしたいのだから。

もうひとつは、ラウンドで、トラブルから脱出するとき。たとえば、左の林からグリーンを狙うようなときは、低くて強烈に左に曲がるフックボールが必要になることがある。またＯＢゾーンや池などが近くにあり、「ここは絶対に右（左）に打ちたくない」という場面があるものだが、そういうときに意図的にボールを曲げることができれば、大叩きせずにすむ。

つまり、ボールを曲げる練習は、「正しいスイングをつくる練習」でもあると同時に「実戦を想定した練習」でもあるという、じつは一石二鳥の優れた練習なのである。

これならできる、ボールを曲げる3つの方法

ボールを曲げるには、ともかくクラブのフェイスとボールがスクエアに当たらないようにすればいい。

方法はいろいろある。

①最初からクラブフェイスを左右どちらかに向けておき、あとはそのままスイングする方法。

②クラブフェイスはスクエアにセットするが、スイングの軌道によって、ボールに斜めに当てるという方法。

③わざとヒッカケやチーピンを打ったり、コスリ球や「ど」がつくほどのスライスを打つ方法。

③は、あえてミスショットを打つわけだが、これも、ボールを曲げる立派な方法である。

まずはフックの打ち方から。使用クラブは7番アイアンでいい。

①ボールの位置は、通常よりやや右。フェイスを思い切って左に向け（閉じ）、ハーフショットする。低いフックが出れば成功。

②フェイスはスクエアにセットし、スタンスはクローズにする。インサイド・アウトの軌道をイメージして、スイング。ボールが最初は右に飛び出し、途中から左に戻ってくれば、立派なドローボールだ。

③インパクトで体の回転を止め、手首を思いっきり返しながら、左に振り切る。いわゆる「体が止まった」ミスショットで、見事なヒッカケやチーピンが出れば成功。

次はスライスの打ち方。

①ボールの位置は通常よりやや左。フェイスを思い切って右に向け（開き）、ハーフショットする。低いスライスが出れば成功。

②フェイスはスクエアにセットし、スタンスはオープン。アウトサイド・インの軌道をイメージして、スイング。ボールが最初は左に飛び出し、途中から右に戻ってくれば、立派なフェードボールだ。

③体をいつもより早く開く。インパクトで手首は返さず、フォローで左脇を開けて、グリップを右前方に押し出すようなイメージでスイングする。高い、どスライスが出れば成功。

このほか、グリップを極端なフックグリップにすればフック、極端なウイークグリップにすればスライスが出やすくなる。また、ロフト角の大きいショートアイアンほどフックが出やすく、ロフト角の少ないロングアイアンはスライスが出やすいことも知っておくと、実戦で役に立つはずだ。

さらに、いま紹介した方法を組み合わせてもいい。66ページのイラストをみるとイメージしやすいだろう。

とにかく、この練習の主眼は、ボールが曲がる原理を知ることにあるのだから、最初は、極端にボールを曲げることから始めてみよう。そして、極端↓ちょっと極端↓通常より気持ちだけフック（スライス）、のようにグラデーションをつけてみるのだ。やってみると、これはけっこう楽しめます！

また、スライサーの人はフックを、フッカーの人はスライスの練習をより多くするといい。しだいに欠点が矯正されて、スライスはフェードに、フックはドローへと変わってくるはずだ。

フックの簡単な打ち方

ボールは通常よりやや
右に置く。フェイスは
スクエアにセットし、
スタンスはクローズ

インサイド・アウトの
軌道をイメージして
スイング。インパクトで
体の回転を止め、
手首を返しながら、
左に振り切る

スライスの簡単な打ち方

ボールは通常よりやや
左に置く。フェイスは
スクエアにセットし、
スタンスはオープン
アウトサイド・インの軌道をイメージして
スイング。体はいつもより早めに開き、
インパクトでは手首を返さず、
グリップを右前方に押し出すイメージ

ボールの出球の高さを意識し、そろえていく

ボールの高低を打ち分ける――。これも実戦ではかならず必要とされる重要なテクニックだ。

グリーンを狙うには、目の前にある10メートルの木の上をいくか、それとも自分の身長より低いボールで枝の下を狙うか。

あるいは、アゲンストの風なら低いボールで風の影響を最小限にとどめる、フォローの風なら高いボールで距離を稼ぐなど、ラウンドでは、ボールの高低を打ち分ける技術が要求される場面が少なくない（実際は、低いボールを打たなければならない場面のほうがずっと多いが）。

ただ、ボールの高低を打ち分ける前に、もっと大切なことがある。それは、クラブごとにボールの出球の高さをそろえるということである。

クラブにはロフトがついており、プロや上級者はそのロフトなりの打ち出し角度のボールを打つ練習をよくする。出球の高さ（もちろん方向もだが）がそろっていないことには、コースを攻略することもできないし、そもそも出球の高さがそろって

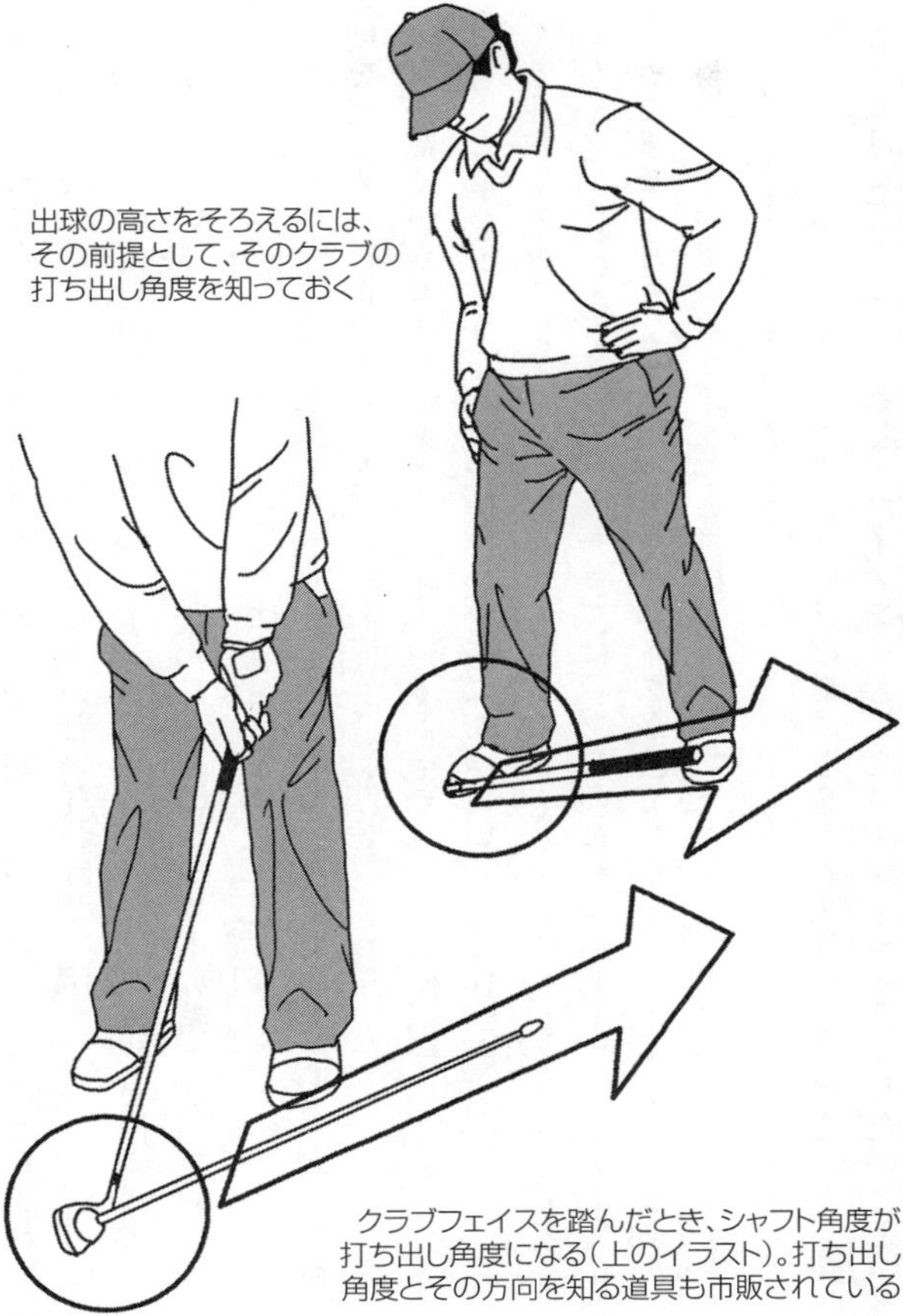

出球の高さをそろえるには、
その前提として、そのクラブの
打ち出し角度を知っておく

クラブフェイスを踏んだとき、シャフト角度が
打ち出し角度になる(上のイラスト)。打ち出し
角度とその方向を知る道具も市販されている

いないということは、自分のスイング軌道が一定していないということ。これではとてもじゃないが、いいスコアでは回れないというわけだ。

ロフトなりの打ち出し角度は、69ページのイラストのような器具を使えばすぐにわかる。あるいは、クラブフェイスを踏んだときのシャフトの角度が、打ち出し角度と同じになるから、一度、自分の目で確認してみてほしい。

こうしてクラブごとの打ち出し角度がわかったら、あとは何球も打って、出球の角度をそろえる練習をすること。

出球が高く上がりすぎるときは、インパクトでフェイスが開いているか（ロフトが大きくなる）、右肩が下がったすくい打ちになっている可能性がある。

ちなみに、アマチュアの場合、出球が低すぎるということはほとんどない（トップしたときは別）。ほとんどのアマチュアは、プロのようにハンドファーストでインパクトできないため、インパクトでフェイスが寝てしまい、ボールは高くは上がるが距離の出ないというケースが非常に多い。アマチュアは、出球が低いボールを打つ練習をもっとすべきなのだ。

アマチュアは、アイアンの練習といえば、距離をそろえることに熱心だが、距離のことだけを考えるていると、アイアンでもしだいに「もっと飛ばしたい」というほうに気持ちが向かい、スイングがますます乱れてくる。

距離ではなく高さをそろえる。そういう気持ちになれば、自然に力みも消え、距離もまとまってくるものなのだ。

高いボールと低いボールを打ち分ける

ボールの出球の高さがそろってきたら、次はボールの高低を打ち分ける練習である。ここでは3つの方法を紹介しよう。

ひとつめは、ボールの位置で高低を打ち分ける方法。73ページ上のイラストのように、ボールを右に置けば置くほど、インパクト時のロフトが立ってくるからボールの出球は低くなる。ただし、ダウンブローでのインパクトを意識しすぎて、上から打ち込もうとしすぎると、ボールに強烈なバックスピンがかかって、かえってボールが吹き上がってしまうから要注意だ。

ふたつめは、目線の向きでボールの高低を打ち分ける方法。やり方はじつにシンプルで、高いボールを打ちたいときは、ボールをやや左に置いて目線を高く、低いボールを打ちたいときはボールをやや右に置いて目線を低くすればいい。

たったそれだけのことだが、目線を上にすれば、必然的にアドレスで体全体が右に傾き、体重配分は左足4・右足6くらいになる。このように体の軸を右に傾けた状態でスイングすると、通常より体重が右足に残り、打ち出し角度が高くなるのだ。

反対に、目線を低くすると、アドレスでは体全体が左に傾き、体重は左足6・右足4くらいの割合になる。その状態でスイングすると、自然にダウンブローに打ち込みやすくなり、ライナー性のボールになる（タイガー・ウッズお得意のスティンガーショット〈超低弾道のショット〉がこれだ）。

最後は、すくい打ちのクセで、必要以上にボールが上がってしまう人、反対に肩が十分に回らないために、ボールが上がらない人のための練習を紹介しておこう。

前者は、通常のアドレスをつくったら、右のつま先を飛球線の直角になるくらいまで閉じる。こうすると、バックスイングの最中に右膝の内側に張りが感じられて、トップがコンパクトになり、すくい打ちが治る。結果として、ロフトなりのボールが打てるようになる。

反対に、ボールが上がらない人は、右のつま先を15度くらい開く。こうすると、右サイドのふところが広くなるため、左肩が深く回せるようになる。結果、ロフトどおりに上がるボールが打てるようになる。

ボールを右に置くほどロフトが立ち、低いボールが出る

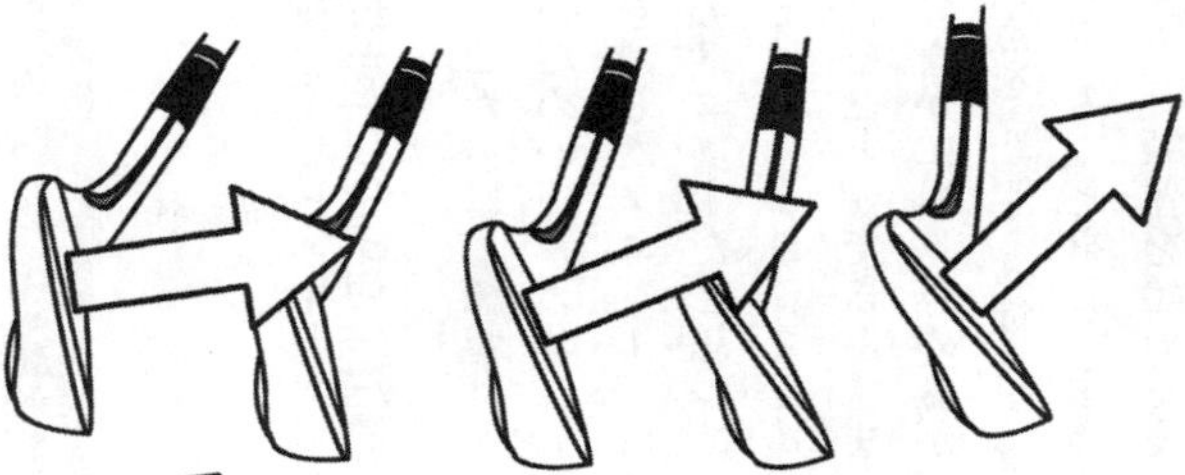

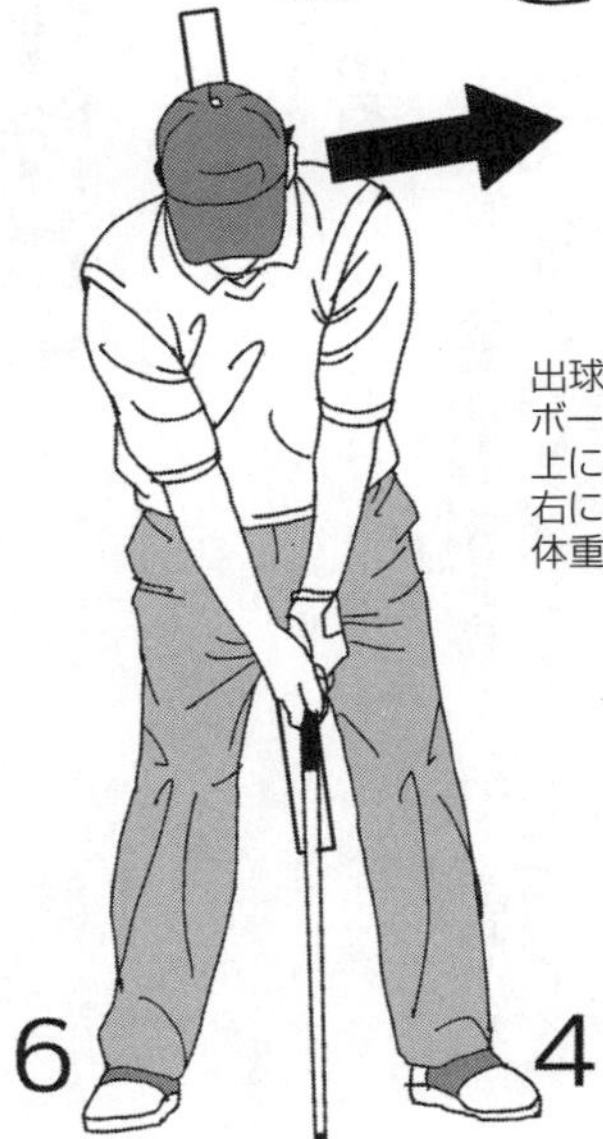

出球の角度を高くしたければ、ボールをやや左に置き、目線を上にする。これだけで自然に体が右に傾き、このままスイングすれば、体重が右足に残り、高いボールが出る

練習前のストレッチは球を打つより価値がある

ここからは、練習は週に1回、打つ球数は150球程度という平均的なゴルファーのための練習メニューをいくつか紹介しておく。これは、とくにスイングづくりを意識したメニューではなく、スイングの感覚を呼び覚まし、調子をととのえるためのメニューだと思ってほしい。

とはいえ、これまで述べた「実戦を想定した練習」は、このメニューのなかに組み込むことができる。また、次章以降で紹介するさまざまな練習法も、このメニューのなかに組み込めるが、とくに2章の「理想のスイングをつくる練習」と3章の「欠点を克服する練習」は、できれば練習日をもう1日増やして、そこで集中的にやってみることをおすすめする。

さて、練習を始めるまえにかならずやるべきなのが、入念なストレッチだ。ゴル

ストレッチは
ゆっくり時間をかけ、痛くない範囲で。呼吸を止めずにするのがコツ

フのスイングは、立派な運動。しかもふだん使わない筋肉を使うし、関節の可動域も広げる必要がある。となれば、ストレッチが必要なのは当然なのだが、練習場できちんとストレッチをやっている人は、1割もいない。

おざなりの屈伸運動と手首・足首を回す程度で、もう打ち始めてしまう人。なかには、2～3回素振りをくり返しただけでフルショットする人もいるから、これではいつ体を痛めたとしても不思議ではない。

中嶋常幸プロは、「30分のストレッチは100球打つことと同じ価値がある」といっている。

とくに中年以降は、筋肉や関節も固くなっている。いいスイングをするためだけではなく、ケガを予防する意味でも、練習前にはかならず入念なストレッチをやることだ。といっても時間は5～10分。ラウンド前にも、ぜひとも行なっていただきたい。

ポイントは、手首、足首、首、膝《ひざ》、肘《ひじ》、肩（肩甲骨《けんこうこつ》）、股関節《こかんせつ》の可動域を広げること。次に、下半身の筋肉、とくに太もも裏の筋肉（ハムストリング）とお尻の筋肉（大臀筋《だいでんきん》）を伸ばすストレッチを行なうことだ。

1週間ぶりの練習はSWで感覚を呼び覚ます

ストレッチが終わったら、練習メニューはSW《サンドウェッジ》の素振りから始まる。素振りのテンポはゆっくりでいい。最初はハーフショットの素振り。そこから少しずつスイングを大きくしていき、フルショットに持っていく。ポイントは、手でクラブを上げようとしないこと。グリップがつねに胸の中心にあることを意識して、体全体でスイングする。

こうして10～20回、ゆったりとした素振りをくり返していくと、しだいにスイングの感覚が戻ってくるはずだ。ヘッドの重さを感じているか、手打ちになっていないか、リズムよくスイングできているか、余計な力が入っていないか、そんなことをチェックしてほしい。

スイングの感じが戻ってきたところで、実際にボールを打ってみる。スイングの大きさは、あなたにとって自然、つまりもっとも気分よく振れる大きさでいい（そのときの距離が、アプローチの距離感の基本になる）。

トップしたり、ダフったりしても気にしないこと。そこでうまくボールに当てようとすると、たいてい手打ちになる。あくまで体を回転させながら、腕とクラブは一体になって振り子のように動く。その振り子運動の最下点に、たまたまボールがあるというイメージを忘れないことだ。

インパクトの感触がつかめてきたら、今度は、ターゲットを設定して、20ヤード～80ヤードくらいまで、10ヤード刻みで距離を伸ばしながらボールを打ってみる。80ヤードまでいったら、70ヤード、60ヤードと20ヤードまで戻る。

これで第一段階は終わり。球数は20球ほどだ。

アイアンは奇数番手か偶数番手にする

次はアイアン。すべてのアイアンを使う時間はないので、奇数番手（9I、7I、5I、3I）と、偶数番手（PW、8I、6I、4I）を練習日によって交互に使うようにする。

奇数番手の日なら、まずは9Iのハーフショットから。

これは、すべてのクラブについていえるのだが、いきなりフルショットはしないこと。かならずハーフショットから始めてほしい。そして、スリークオーターショット→フルショットへと持っていく。

これは、スイングをつくるためでもあるが、同時に、実戦を想定した練習でもある。なぜなら、ラウンドでのアイアンショットは、程度の差こそあれ、その多くはコントロールショット、つまりハーフショットやスリークオーターショットのはずだからだ。

球数は、9Iで20球、次に7Iで40球というところ。ここで、ボールの距離や高さを打ち分けたり、曲げたり、斜めに打ったりする練習をする。

あるいは、「スイングをつくる」「欠点を治す」のようなテーマがある場合は、球数を9Iと7Iで80球くらいに増やして、ロングアイアン以上のクラブでの球数を減らす。9Iと7I（もしくは8I、6I）は、スイングづくりには最適のクラブなのだ。

いずれにせよ、ポンポン打たないこと。打つまえにはかならず素振りをして、自分がやろうとしていることを確認する。そして、打ち終わったら、それができたかどうかをチェックする。

9Iと7I（8I、6I）は、スイングづくりにおいても、実戦においても、最重要のクラブ。ここでの練習がいい加減では、上達はまず望めないと思ってほしい。

ドライバーの練習は2回に分けてする

7Iの練習が終わったら、5Iにいくまえに、ドライバーを打ってみる。

ドライバーは、まとめて練習するより、2回に分けたほうがいい。体はもう十分に温まっているから、ここで最初の5球を打つ。

ドライバーは、かならず実戦を想定すること。ホームコースでも、直近でラウンドしたコースでもいいから、1球目は実際のコースのスタートホールを思い浮かべて、一球入魂のつもりでスイングする。

2球目以降も、今度はホールを変えて打つ。わずか5球だから、いい加減には打てない。コースでも実際にそういうボールが出ると思ってスイングするのだ。

気をつけるべきは、力まないこととタイミングだけだ。

ドライバーは、あとでもう1回5球打つが、こんなに球数が少ないのは、ドライバーというクラブは練習しすぎるとスイングづくりを妨《さまた》げるからだ。

ドライバーは、全クラブのなかでもっともシャフトが長く、しかもティーアップして打つという、かなり特殊なクラブだ。しかも、何発も続けて打っていると、知らず知らずのうちに力が入ってきて、スイングそのものが乱れてくることが多い。

ドライバーを真っ直ぐ、遠くに飛ばしたいというのは、すべてのゴルファーの願いだろうが、あなたは石川遼ではない。プロになってから、彼は練習量の半分近くをドライバーに割《さ》いているというが、それは彼には才能と、練習を続ける体力と、そして誰よりも強い〝飛ばし〟に対するこだわりがあるからだ。

アマチュアの場合、飛ばしたいのなら、闇雲《やみくも》にドライバーを打つのではなく、以降に紹介するような素振りや練習をやったほうがずっと効果的なのである。

長いクラブはミートだけに専心する

1回めのドライバーを打ち終わったら、ここからは後半戦。５番アイアン（５Ｉ）、ユーティリティ（ＵＴ）、フェアウエイウッド（ＦＷ）の長いクラブを打つ。球数はあわせて50球。９Ｉと７Ｉを80球打ったのなら、30球でいい。

その前に休憩も入れよう。ゴルフのスイングは、筋肉を酷使《こくし》してまでやるものではない。「疲れた」と思ったら、適宜、休んで、そこまでの練習を反省してみる。そういう時間も練習には絶対に必要だ。

さて、後半で使うクラブのなかで、アマチュアゴルファーがもっとも苦手としているクラブは、おそらく5Ｉではないか。最近のアイアンはストロングロフト化しているから、いまどきの5Ｉは、以前の4Ｉくらいのロフト（24～25度）があるものが珍しくない。

アイアンは、ロフトが立っているほど難しい。しかも、ロフトが立っているクラブほどシャフトが長く、ヘッドが小さいのだから、なおのこと。男子プロでも、いまどきは3Ｉを抜いている人は珍しくないし、女子プロともなると、アイアンは5Ｉや6Ｉからしか入れていないという人もいる。

5Ｉを打ちこなすためには、まずは苦手意識をなくすことから始めたい。それには、5Ｉを簡単なクラブに変えてしまうのが手っとり早い。つまり、7Ｉくらいの長さ（1インチ短く）に持ち、やはりハーフショットから始めるのだ。

このとき、ボールを低めにティーアップしておいてもいい。ボールがつかまえやすくなるから、ロングアイアンに対する苦手意識が少しは減ってくるはずだ。

気分は7Ｉを打っているつもりでＯＫ。これは、ロングアイアンを打ちこなすための極意で、長いアイアンほど、短いアイアンだと思って打ってみよう。

5Ｉだと思うと、170～180ヤード飛ばさなければと思い、つい力んでしまいがちだが、7Iのつもりで150ヤードでいいと思ってスイングすると、ミートさえすればフルショットとそう変わらない距離が出ることがわかるだろう。

こんなとき、あなたは、つくづく「飛距離とは力ではなく、ミート率だ」ということが実感できるはずだ。短く持って、軽くスイングすることによって、その実感を何度でも味わってほしい。そして、少しずつ通常のグリップに戻しながら、スイングも少しずつ大きくしていく。

同じことは、UTやFWでもいえる。これらのクラブは、どうしてもゴルファーをして「飛ばさなければ」という気にさせてしまうが、それは〝悪魔のささやき〟だと思ってほしい。その言葉に乗せられてしまうと、トップ、ダフリ、ヒッカケ、プッシュアウトと、あらゆるミスが出る。

実際のラウンドで、この手のミスが出ると、なまじ距離が出るクラブだけに、悲惨な結果になることが多い。ティーショットをミスしたあとの2打めやロングホールでのセカンドでOBを打ってしまうのは、ほとんどの場合、飛ばそうという力みのせいだといっていい。

これらのクラブは「ミートさえすれば飛ぶ」ようにできているのだから、けっして力まないこと。9Iや7Iと同じリズムでスイングすることだ。

最後は実戦を想定したアプローチでクールダウン

さて、長いクラブの練習が終わったら、もう一度ドライバーを打つ。球数は5球の真剣勝負。ラウンドでいうと後半のスタートホールに立ったつもりでショットしよう。

要領は1回めと同じ。5球目がミスショットだと、ナイスショットが出るまで打ち続けたくなるのが人情だが、それは自分に対する〝甘え〟。実戦では、OBのときしか打ち直しはないと自分に言い聞かせよう。

ドライバーを打ち終わったら、残りは10球。クラブをもう一度SW（もしくはアプローチウェッジ〈AW〉）に持ちかえたら、クールダウンもかねて20ヤードから60ヤードのアプローチの練習をする。フルショットは必要ない。クールダウンもかねているとはいえ、やはりここも本番を想定。1球1球、ターゲットを変えながら、打席も斜めに使うなどして、ラウンドのつもりでアプローチする。

こうしてすべてのメニューが終わったら、屈伸運動や軽いストレッチをして練習を終える。

上手いゴルファーほどアプローチの練習が多い理由

以上が球数を150球とした場合のオーソドックスな練習メニューである。時間にして90分というところだろうか。1時間以内で終わってしまう人は、素振りや考える時間がなさすぎる。

このメニューを見て、「アプローチが少ない」と思った人は、おそらく上級者だろう。なぜなら、スイングがほぼ完成しているゴルファーが、より上を目指すためにもっとも効果的なのはアプローチ（とパット）を磨くことだからだ。

たしかに、すべてのショットの精度を磨くことこそゴルフの王道だろうが、たとえば7Iで打ったときのパーオン率を10パーセント上げようと思えば、それには途方もない努力と時間とお金が必要になることを上級者は知っている。そして、それくらいなら、それらをアプローチの練習に回したほうが費用対効果がずっと高い、ということも彼らは知っているのだ。

シングルになるためには、じつはパーオン率は33パーセントでいい。ハーフでいうと、パーオンするホールは3ホールでよく、ここは2パットのパーで納める。残り6ホールのうち、3ホールは寄せワンのパー。そして、残りの3ホールはボギーでよしとする。すると、スコアは39。

つねにこのスコアなら、このゴルファーのハンデは5前後だろう。ときにダボを叩くことがあっても、そのかわりバーディーもくるという計算は、シングルにとってけっして都合のよすぎるものではない。

おそらく、パーオン率33パーセントというのは、シングルなら、ふつうの練習をしていれば問題なくクリアできるはずだ。問題は、寄せワンのパーをいかにしてハーフで3つとるかということ。そのためには、アプローチとパットを磨くしかない。

シングルゴルファーはそのことをよく知っている。だから、ふつうのショットは調整程度にして、アプローチとパットの練習にいそしむのだ。

ほんとうのことをいえば、まだ100や90を切ったことのないゴルファーも、アプローチやパットの練習をしたほうが、スコアは確実によくなる。ただ、スコアはある程度よくなっても、肝心のスイングが未完成だったり、欠陥だらけだったりしては、そこから先が望めない。だから、優先すべきは、スイングづくりや欠点の矯正ということになる。年配のゴルファーはよく「若いうちは、スコアのことより、思い切って振り切ることのほうが大切」と若者に説教するが、これは正しい。

というわけで、上手いゴルファーほど、アプローチの練習を増やしていただいてかまわない。年配のゴルファーも同じ。燻銀《いぶしぎん》の技術で、若いゴルファーに「上がってナンボ」だということを教えてやってほしい。

練習場にメモを持参するのが上達の秘訣

この章の最後に、とても大切な話をひとつだけ。それは、練習場にはメモを持参して、そこで気づいたことをメモする習慣をつけるということである。

ゴルフのスイングというのは、ほんのちょっとしたことでガラリと変わってしまうことがある。

トップで、ほんの少しだけ右足の踵《かかと》に体重をかけたら、体重移動がスムーズになったとか、ボールの位置をほんの数センチ左右にずらしたところどんどん芯を食うようになったなど。あるいは、かつて上級者から指摘された欠点が、またぞろ顔を出してきたと気がついたら、そのこともメモして自分を戒《いまし》める。

もっとも、ゴルファーは、ある〝気づき〟によって、何発か続けてナイスショットが出ると、そのたびに目からウロコが落ちたような気になり、お調子者のゴルファーは「とうとうスイングの奥義《おうぎ》をつかんだ！」ナンテ錯覚してしまうのだが、それでも、そういう〝気づき〟は、たとえその効果は一過性だったとしても、記憶にとどめておいたほうがいい。

悲しいかな、人間は〝忘れる動物〟である。とくにゴルファーには忘れっぽい人が多く、ミスショットをしたあとに、「ああ、そういえば、このライでは左体重で打つんだった」なんてことを思い出す……。プロゴルファーのようにスイングを体で覚えていないアマチュアゴルファーは、言葉によって自分なりの奥義を記録しておくしかないのだ。

また、〝気づき〟のメモは、自分なりの奥義を忘れないための備忘録《びぼうろく》であると同時に、将来、スランプになったとき、脱出のヒントになってくれることもある。貴重なお金と時間を費やしての練習なのだ。打ちっぱなしの練習場だからといって、本当に「打ちっぱなし」では、じつにもったいないでしょ？

2章

芯を食った、会心のショットがほしいあなたへ――

スムーズで正確な理想のスイングをつくる練習

インサイド・イン軌道の正しいアドレスをつくるコツ

この章では、「正しいスイング」をつくるための練習を紹介していく。最初に「素振《すぶ》り」の効用について述べるが、その前に、絶対に体に染み込ませてほしいことがひとつある。それは「正しいアドレス」だ。たとえ素振りではあっても、ボールの位置を想定し、それに対して「正しいアドレス」をとったうえでの素振りでなければ、ただの体操程度の意味しかない。素振りも、いい加減にやっては下手を固めることになりかねないのだ。

スイングの正しい軌道は、インサイド・イン。すなわち、ダウンスイングで、クラブヘッドがインサイドから下りてきて、インパクトの前後ではスクエアになり、インパクト後は再びインサイドに抜けていくという軌道だ。

素振りのときも、その軌道をイメージしておこなうことが大切だが、最初にその

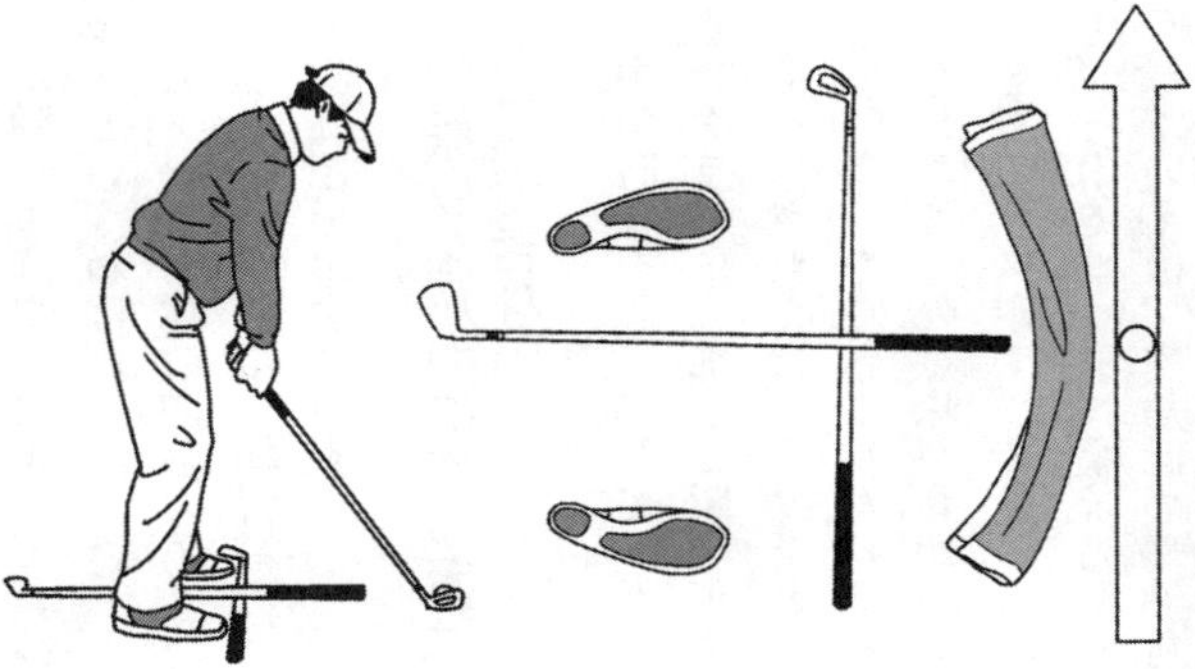

軌道を確認しておく意味で、上のイラストのようにクラブを十字に置いて、スタンスとボールの位置を明確にしておくといい。

　自分から見て横のクラブが飛球線と平行、そのクラブに直角に交わるクラブの先にボールがあると仮定する。

　ボールの位置は、SWから9Iまでは、スタンスの真ん中。8I以降は、番手が上がるほど少しずつ左になり（スタンス幅も広くなる）、ドライバーで左足踵《かかと》の内側線上というのが基本だ。

　さらに、イラストのように、インサイド・イン軌道に合わせてタオルを置いておくと、より正しい軌道がイメージしやすいだろう。

　これは、じつは石川遼が体重移動をイメージしやすくするために実践している方法なのだが、正しい軌道とも一致している。タオルに沿ってヘッドが動くようなイメージで素振りをすれば、自然にインサイド・インの軌道が身につくというわけだ。

スタンスや体の向き（アライメント）、ボールの位置は、プロでもしばしば狂いが生じることがある。練習場でボールを打つときも、ときどきこのやり方で確認してみることをおすすめする。

素振りをバカにする者は上達できない

中学時代を思い出していただきたい。野球部やテニス部、卓球部など、「道具を振る」クラブに入部した新1年生は、なかなかボールを打たせてもらえず、素振りをよくやらされたはずだ。それがイヤで仕方がなかったという人もいそうだが、進級して、ようやくボールが打てるようになると、1年生の頃に毎日毎日、素振りをやらされたことの意味がわかってくる。野球であれ、テニスであれ、卓球であれ、「道具を振る」スポーツでは、野球のレベルスイングのように「基本的な振り方」がある。それをまず体で覚えないことには、うまくボールに当てることすらできない。

野球でいえば、内角低めや外角高めといった難しいボールを打ち返すためにも、やはり「基本的な振り方」をマスターしていることが大前提なのだ。

この「基本的な振り方」をマスターするのに、もっとも適しているのが素振りだ。なぜなら、素振りでは、実際にボールを打たないからだ。もし、野球の初心者にいきなり内角低めや外角高めのボールを打たせようとすれば、いつまでたっても空振りばかり。スイングの基本は、永遠に身につかないはずだ。

同じことは、ゴルフにもいえる。ゴルフの練習というと「ボールを打つこと」だと思っている人がひじょうに多いけれど、「正しいスイングをつくる」ことが目的なら、ボールは極力打たないほうがいい。なぜなら、ボールを打とうとしたときから、ゴルファーの心のなかには「うまく当てたい」「飛ばしたい」という欲と、同時に「うまく当たるだろうか」「真っ直ぐ飛ぶだろうか」という不安が生じるからだ。この欲と不安が、力みを呼んだり、スイングのリズムを乱したりする原因になる。

まあ、毎日何百球とボールを打てるのなら、いつかこの欲や不安を克服して、正しいスイングを身につけることもできるだろう。しかし、週に1回、150球程度の練習では、欲と不安を克服するにはかなりの時間がかかる。

あなたが1日も早く「正しいスイング」を身につけたいのなら、1日30分、いや15分でいいから、家のなかで素振りをくり返すことだ。ドライバーなど長いクラブが振れないのなら、素振り用の短いクラブ（たいてい重い）やバットでいい。

次項で述べる注意点に留意しながら、1日15分、〝正しい素振り〟を3か月間続ければ、あなたのスイングが劇的に変わることを保証する。

どこに注意して素振りをすればいいか

2006年に賞金女王になった大山志保。それは、彼女が前年の05年のオフに、スイング改造に挑み、それに成功したおかげだった。

そのときのコーチ役だった鶴見功樹プロによれば、彼は大山プロに実際に打つボールの球数は1日100球までに制限し、そのかわり毎日200セットの素振りをするよう命じたという（月刊『ゴルフダイジェスト』2009年8月号）。

「200回」ではなく「200セット」というのは、こういう意味だ。

たとえばスイングのなかに、①アドレス、②テイクバック、③トップ、④ダウンスイングの途中、⑤インパクト、以上の5つの段階でチェックポイントがあったとする。

すると、①のポイントをチェックしたら、テイクバックの途中でクラブを止めて

②のポイントをチェック。
次に①に戻して、②の注意点を踏まえつつ③のポイントをチェック。
三たび①に戻して、②→③を踏まえつつ、④のポイントをチェック。
次に四たび①に戻して、②→③→④を踏まえつつ、⑤のポイントをチェック。
こうして、最後にすべてのチェックポイントを意識した素振りをする。これが「1セット」というわけである。

大山プロは、これを200セットやるのに、初日は1時間45分もかかり、翌日は全身筋肉痛で動けなくなったそう。鶴見プロによれば、それは、それまでのスイングと使う筋肉が違っていたからだという。

こうして彼女は3か月半でスイングが別人のように変わり、見事、賞金女王に輝いたというわけだ。プロがそれまでの自分のスイングを捨て、別人のようなスイングに改造するのは、想像以上に大変なこと。アマチュアが大山志保の真似をする必要はないし、また体力的にも時間的にもできない相談だろう。

ただ、鶴見プロは、アマチュアでも、実際にボールを打つ前に自分なりのチェックポイントをチェックしながら、2~3回は素振りすべきだといっている。そうすれば、実際に打つ球数が50球でも、100~150回のスイングをしたことになる。

スイングのチェックポイント

① ②

そうやって、正しい動きを体に覚えさせるわけだ。

あるいは、自宅で素振りをするときは、ガラス窓を鏡にする（外が暗くなるとサッシのガラスが鏡代わりになる）といい。東と南に窓がある部屋なら、正面と後方から自分のスイングがチェックできる。

鶴見プロがすすめるチェックポイントは、以下の5点。

①アドレスで、背骨の軸がしっかりしているか

②テイクバックでクラブが地面と平行になったとき、後方から見てクラブヘッドが右手と重なっているか

③トップでシャフトがクロスしていないか（目標より左を向いたレイドオフが正しい）

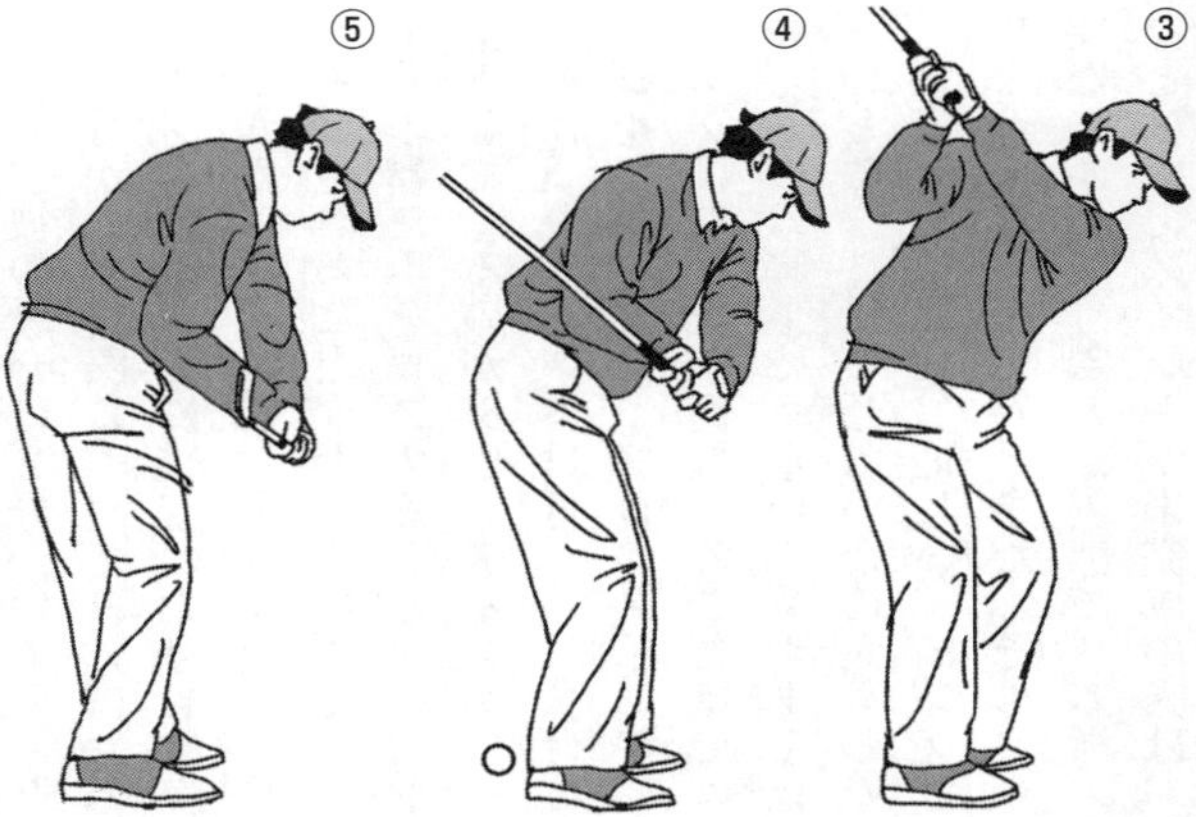

④ダウンスイングの途中で、シャフトと右前腕部が重なっているか
⑤インパクトの直前で、肩が開かず、腰が45度、先行しているか
あなたも鏡を見ながら、チェックしてみてほしい。

スイングの何たるかがわかる宮里藍流〝太極拳素振り〟

ここから、さまざまな素振りの方法について紹介していこう。

最初は、宮里藍の〝太極拳素振り〟だ。これは、60秒かけて素振りをするというもので、そのスローな動きが太極拳に似ているところからこう呼ばれる。プロコーチの江連忠《えづれただし》も、このスローな素振りを奨励しており、彼の場合は2分かけてやるという。

ともかく、実際にやってみればおわかりのように、これは想像以上にハードだ。トップにいくまでに、右の太ももや腹筋、背筋などが悲鳴を上げそうになるほど負荷がかかる。それだけトップでは、捻転《ねんてん》と体重移動によって体の右サイドにパワーが蓄積されることがわかるはずだ。

そのパワーをロスすることなく、トップからボールに対して最短距離でヘッドが落下してくるのがダウンスイング。そして、腰の回転に引っ張られるように、左右の腕が返り、ヘッドは低く左に抜けていく。

ゴルフ雑誌には、プロのスイングの分解写真がよく掲載されている。ふつうのスイングはなかなか真似することはできないが、太極拳素振りなら真似できる――いや、じつは真似できない部分があるはずで、それによって、これまで自分がスイングのどこをごまかしていたのかもわかるという仕掛けだ。

太極拳素振りは、正しいスイングでは、体のどの部分がどのように動くことでパワーが生まれるのか。また、そのパワーをボールに伝えるためにはどんな動きが必要なのかということが実感できる。

とはいえスイングが未完成の人は、やはりお手本が必要。お気に入りのプロがいるのなら、そのプロのスイングを録画して、スローモーションで再生。それを見ながら、やってみることをおすすめする。この練習、スイングについての理解が深まるだけでも、やるだけの価値がある。

バットを振ることで下半身の使い方がわかる

ゴルフショップには、たいてい素振り用のバットが売られている。プロのなかにも、バットで素振りをする人が少なくないが、バットを使った素振りには次のような効果がある。

ひとつは、素振り用のバットや野球のバットはゴルフクラブより重いため、絶対に手打ちができないということ。バットをトップまで持っていくには、腹筋や背筋、さらには下半身も使うしかなくなるのだ。

ダウンスイングでも、手で打とうとすると、バットと体がバラバラになる。ここは、あくまでバットの重さに任せて、体重を左に乗せながら、バットを〝落下〟させるイメージじゃないとうまくいかない。すると、インパクトからフォローにかけては、バットの遠心力によって、自然に体が回転していく。ここで無駄な力が入ると、フォローでは意識してバットを振り上げなければならなくなり、バランスを崩してしまう。あくまで、体幹《たいかん》を意識しながらバットの動きに身を任せる。バットをうまく振るためには、そんな意識が必要なのだ。

こうした体の使い方は、クラブを握ったときもまったく同じ。クラブは軽いため、ついつい手で操作してしまいがちだが、それがさまざまなミスの原因になっている。バットで手を使わない感覚がわかったら、その感覚が消えないうちにクラブを素振りしてみてほしい。

また、バットでの素振りは、クラブのように先にヘッドがついていないため、フェイスの向きなどを気にせずに、無心になって振れるのもいいところ。1か月も続ければ、腹筋や背筋など、スイングに必要な筋力も強化されているはずだ。

ヘッドを裏返して振るとスイングの欠点がわかる

ドライバーをふつうに握ったら、グリップを半回転させる。すると、ヘッドのトゥー側（先）が下になり、フェイスは右を向く。そこで握りなおして、そのまま素振りをしてみよう。そのとき、あなたはどんな感じを持つだろうか。いつもと変わ

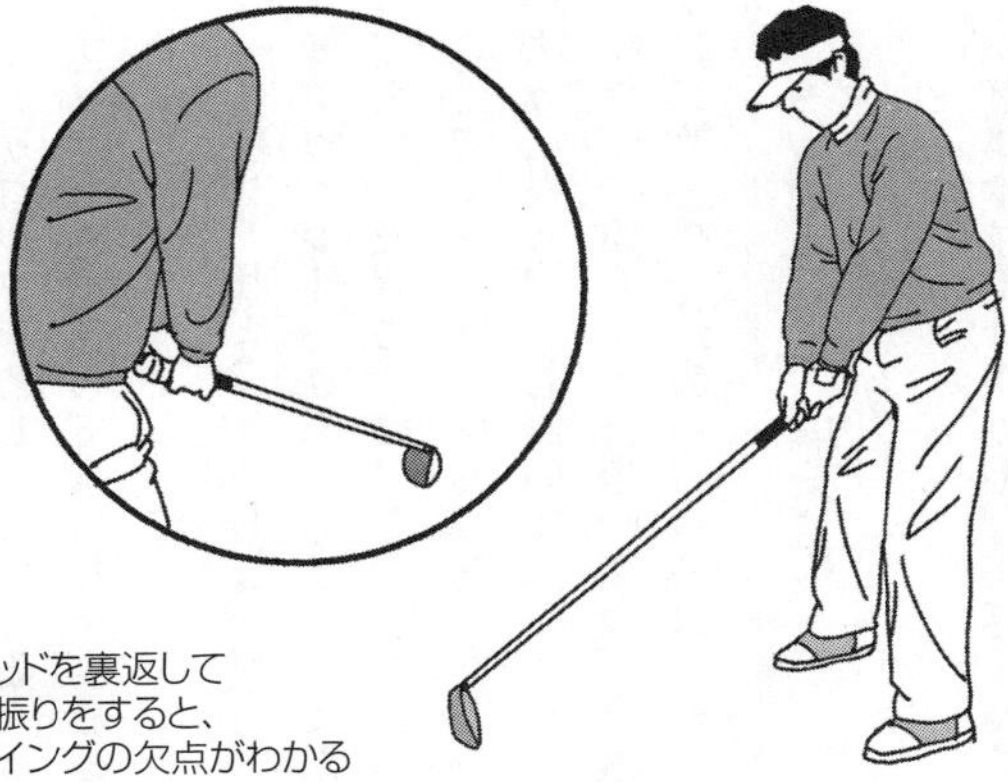

ヘッドを裏返して
素振りをすると、
スイングの欠点がわかる

らないとすれば、残念ながらあなたはビギナー。違和感を感じる人ほどゴルフが上手いはずだ。

なぜなら、ヘッドを裏返すことで、クラブの重心位置が変わってしまったからだ。ゴルフクラブは野球のバットやテニスのラケットとくらべると、その構造に基本的な違いがある。それは重心の位置。

バットやラケットは、左右対称の形をしているため、その中心に重心がある。つまり、手や腕の延長線上に重心があるため、手や腕でコントロールしやすい。

一方、ゴルフクラブは、シャフトの先に左右非対称のヘッドがついているため、重心はシャフトの中ではなく、突き出たクラブヘッドの中にある。そのため、重心コントロールが難しいのだ。

これがゴルフを難しくしている大きな要因でもあるのだが、それはともかく、クラブヘッドを裏返して素振りをすると、正しいスイングができている人は、すぐに重心位置が変わったことに気がつくが、スイングプレーンからは外れない。

一方、何も感じない人は、素振りをするとヘッドがぐらつきやすくなる。そして、スイングプレーンから大きく外れてしまうのだ。

ぐらついたところは、そのままその人のスイングの悪い部分だ。とくにトップのところでぐらつきやすくなる人が多いはず。そこを修正して、ヘッドがぐらつかないようになれば、しだいにスイングは安定してくるはずだ。

クラブの重心は、目をつぶって素振りをしても感じることができる。これも、スイング軌道を安定させる効果的な素振りだ。

クラブを水平に振ると飛ばしの極意がわかる

スイングプレーンが意識できて、なおかつ飛距離アップにも効果のある素振りを紹介しよう。

水平素振り

肩と両腕でつくった
三角形をキープしつつ、
上半身を回転

次ページに続く

まず、クラブを握って、ふつうのアドレスをとる。そのままの状態で、前傾していた上半身をクラブが水平になるまで起こしていく。すると、グリップはベルトあたりにくる。そこから手首をコッキングさせてトップの形をつくる。

そして、肩と両腕でできた三角形をキープしたまま、上半身の回転でテイクバック。そして、回りきる手前で下半身から切り返して、一気に振り切る。

きちんと水平に振り切れれば、通常の前傾姿勢からでも、きれいなスイングプレーンになっているはず。

逆に、水平素振りがきちんとできないということは、腕のローテーションができていなかったり、腰がレベルに回転していいな

クラブは体の回転によって"振られる"ことを実感する

いなどの欠陥がある証拠ということになる。

この素振りは、最初からトップの形ができているため、体の動き（とくに足の動き）だけに集中できるし、切り返しのタイミングもつかみやすい。クラブを持たずにシャドースイングでやってみても効果があるから、ぜひ実感してほしい。

水平素振りをすると、飛ばす、つまりヘッドスピードを上げるためには、いくら腕を速く振ろうとしてもうまくいかないことがわかる。トップで十分に右足に体重を乗せ、そこから素早く腰を回転させないと、ヘッドが加速しないということが実感できる。クラブは振るのではなく、体の回転によって〝振られる〟。この練習では、そんな飛ばしの極意が実感できるはずだ。

ブレないスイングをつくる練習法

正しいスイングはハーフショットでつくる

さて、ここからは（待望の？）実際にボールを打つ練習を紹介していく。

といっても、もちろんいきなりドライバーを振り回したり、アイアンをフルショットするのではない。徹底的にハーフショットの練習をするのだ。

プロゴルファーの片山晋呉は、オフになると、グリップの高さが右腰から左腰までのハーフショットを徹底的に練習するという。そこにはスイングのエッセンスがすべて詰まっていると彼はいう。アメリカのプロゴルファーは、右腰から左腰までのクラブヘッドの動きを「ビジネスゾーン」ということがあるが、ここでのスイング軌道が正しく、いつもその軌道をヘッドが通れば、ショットは安定。つまり、お金が稼げるというわけだ。

使用するクラブは、最初はピッチングウェッジ（ＰＷ）でいい。左腕とシャフトを一本化して、ハンドファーストの構えをとる。前傾は股関節《こかんせつ》から。上半身で股関節に圧力をかけるようなつもりで、重心を低くする。上半身は完全脱力だ。

テイクバックでは、絶対に腕だけでクラブを上げようしないこと。つねにグリップが体の中心にあるようにして、上体を回していく。

グリップが右腰付近にきたら（実際は、慣性によってそれより上にいくだろうがかまわない）、左股関節に体重を移動させながら切り返す。このとき、腕でボールを打ちに行かないこと。

インパクトでは、すでに腰は左に45度回転しており、腕のローテーションが終わったところが、ちょうど左腰のあたりで、これがハーフショットのフィニッシュになる。フィニッシュでもグリップが体の中心にあればＯＫだ。

この練習では、いかに手に仕事をさせず、体の回転でボールを打つかということがテーマになる。これは、フルショットでもまったく同じ。フルショットは、このハーフショットの延長線上にあるというだけの話だ。

ＰＷのハーフショットでも、しっかりミートできれば、１００ヤード近くは飛ぶ。まずはショートアイアンでみっちり練習。５Ｉでもできるようになればホンモノである。

腕でクラブを上げず、
グリップを体の中心に保つ
感じで、上体を回す

股関節を支点に前傾し、
上半身は脱力

フィニッシュでもグリップが
体の中心にあり、手首が
ビシッと返っている

手ではなく、体の回転で
ボールを打つことがこの練習のテーマ

なお、このショットは、実際のラウンドでもじつに大きな武器になる。手に頼らないスイングは、インパクトでボールを押す感じになるため、サイドスピンがかかりにくいから、曲がらない。強いアゲンストのときでも、丸山茂樹のようないいアイアンが打てます！

1本のクラブで遊びながらうまくなる方法

奥田靖己プロが、『ゴルフ心』というテレビ番組で紹介していた練習法である。どのクラブでもいいのだが、最初は9Iくらいが適当だろう。最初にランニングアプローチをするようなつもりで、ポーンと30～40ヤード打ってみる。そして、10ヤード刻みで、距離を伸ばしていき、最終的にフルスイングまで持っていくという練習である。

この練習のテーマは、「クラブとの対話」にあると奥田プロはいう。

アマチュアの場合、10ヤード刻みで距離を伸ばしていくと、どこかでかならずボールが曲がる。そのときはかならずバックスイングで「何か」が起こっているという。それは、速すぎるバックスイングであったり、力みであったり、上体の伸び上がりであったり。奥田流にいえば、それらは「やらなくてもいいこと」で、それをやってしまった結果、ボールが曲がるというのだ。

こんなときは、自分からは何もせず、とにかくヘッドだけを意識してスイングしてみることだと奥田プロはいう。そして、もう一度、曲がらないところまで距離を戻して、そこから少しずつ距離を伸ばしていく。

こうして、クラブヘッドだけを感じて、フルショットまで持っていければ、そのクラブは合格。9Iで始めたのなら、次に8Iという具合に長いクラブに持ち替え、最後はドライバーまで同じことをやってみればいい。

9Iで何度やっても、100ヤードを超えたあたりでボールが曲がり出すという人もいるだろう。それはそれで、自分の危険ゾーンを知ることになると奥田プロはいう。実際のラウンドでも、「この距離でこのクラブは危ないな」と判断すれば、長めのクラブで軽く振るという安全策をとることもできるはずだ。

距離を伸ばしながらスイングすることで、1本のクラブと遊びながら対話する。こんな練習なら、どれだけやっても飽きがこない。へんな力も入らないから、体を痛めることもない。そして、知らぬ間にゴルフが上手くなっている。〝ゴルフ心〟の本領発揮ともいうべき、優れた練習法である。

バランスのいいスイングをつくる3つの方法

ナイスショットの条件のひとつに、バランスのよさがある。ヘッドが加速しながらインパクトを迎え、ピタリとフィニッシュに納まる。このときバランスのいいゴルファーは、微動だにしない。やろうと思えば、フィニッシュの姿勢を1分くらいはキープできる。

バランスのいいスイングをするためには、

①軸がブレていない

②足裏で重心がコントロールできている

③余計な力が入っていない

④クラブの遠心力に耐えられるだけの筋力がある

などの条件が必要。④は筋トレをして鍛えるしかないけれど、①から③については、次のような練習法がある。

(1) 裸足でスイングする

ゴルフシューズを履いていると気づきにくいが、裸足《はだし》になると、足裏で重心をコ

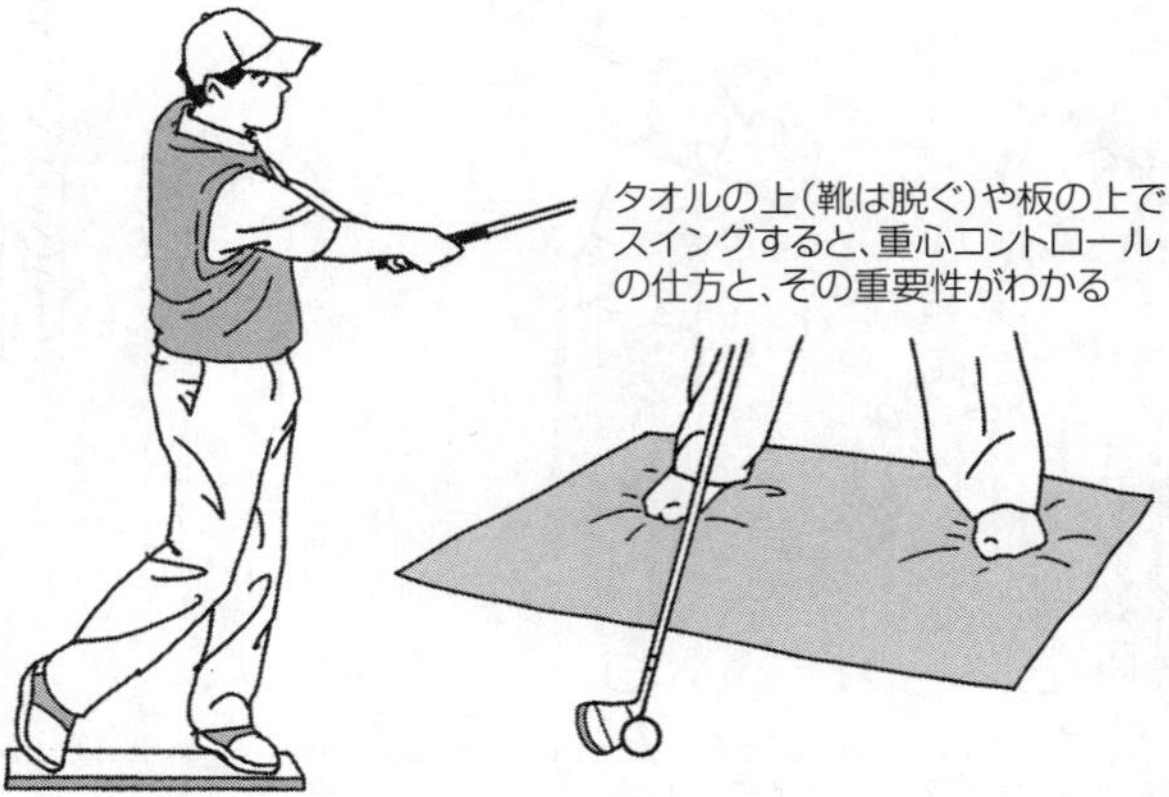

タオルの上（靴は脱ぐ）や板の上で
スイングすると、重心コントロール
の仕方と、その重要性がわかる

ントロールすることの重要性がよくわかる。

ポイントは、両足の内側の範囲で体重移動をすること。それ以上の体重移動をしようとすると、フィニッシュでグラついてしまう。バリエーションとして、

（a）足元にタオルを敷いて、ソックスになってスイングする

（b）幅10センチ、長さはスタンス幅より長く、厚み2センチくらいの棒状の板の上でスイングする

などの方法もある。いずれも、足元を不安定にすることによって、重心コントロールの仕方がわかってくる。体重が極端にっま先寄りになっていたり、踵《かかと》寄りになっていたりしてもうまくいかない。さらに、振りすぎると体がぐらつくから、オーバース

片足スイング（右）

右足スイングは
弾道が高くなる
右足に体重が乗らないと
テイクバックで軸がブレる

イングを矯正する効果もある。市販のバランスディスクを使ってもいい。

（2）片足でスイングする

左右の片足だけでスイングする練習。ドライバーをティーアップしておこなう。

右足一本でのスイングは、テイクバックで右足にしっかり体重が乗らないと軸がブレて、ぐらついてしまう。

一方、左足一本でのスイングは、フィニッシュで左足に体重が乗らないと、やはり同じように軸がブレて、ぐらつく。

いずれも、力んではフィニッシュがとれない。スイングでは左右ふたつの軸がしっかりしていないとダメなことが実感できる。

また、右足一本で打てば、弾道が高くなり、左足一本なら低くなる。

片足スイング(左)

左足スイングは弾道が低くなる

左足に体重が乗らないとフィニッシュで軸がブレる

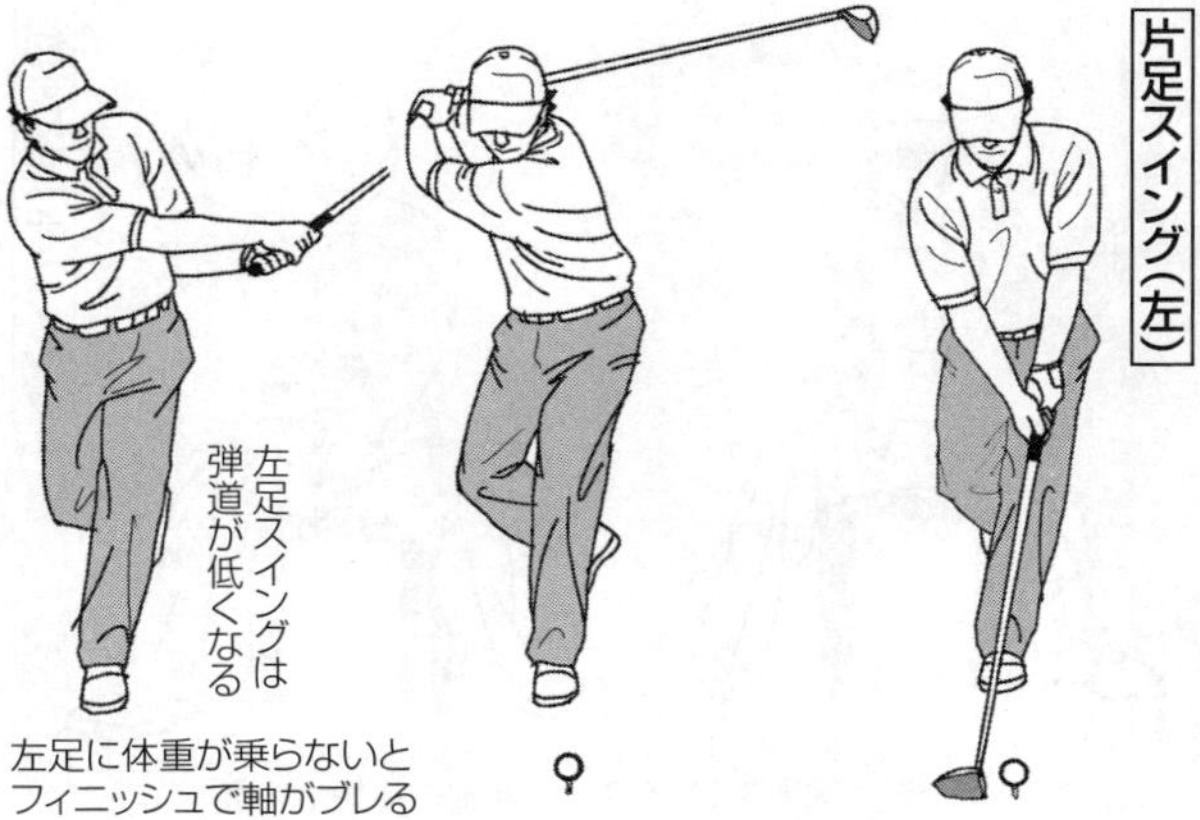

ラウンドでも、打ち下ろしのホールなど、実際に左足一本にはしないまでも、そのイメージでスイングすると、低い弾道のボールが打てる。

(3) 目を閉じてスイングする

102ページで、目をつぶって素振りをすると、クラブの重心がわかるという話をしたが、ここでは実際にドライバーでボールを打ってみる。

最初は目を閉じたら素振りでゴムティーを打つ。慣れてきたら、実際にボールを打ってみる。

目を閉じると感性が働く。足裏で重心がどう移動していくかもよくわかる。ふだんから「ボールをよく見ろ」といわれて、手で「ボールに当てにいっている」人は、ボ

椅子に座ってスイング

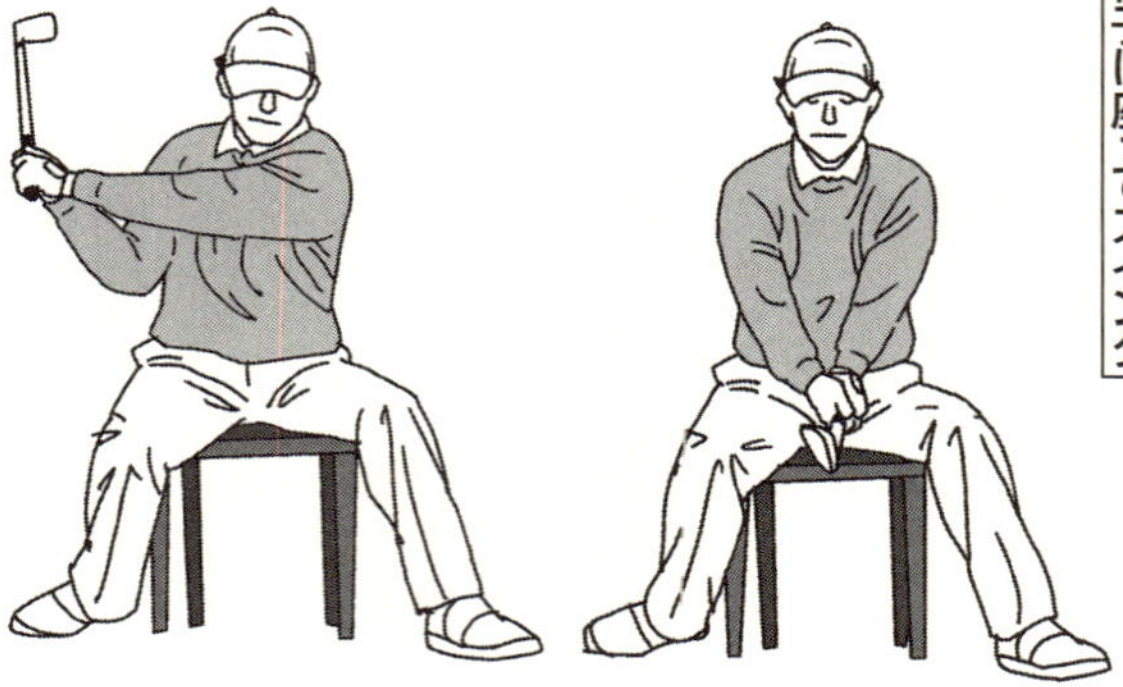

下半身が動かない分、手や腕の動きに集中する

ールにかすりもしないだろう。また、大振りをすると、自分の頭が動きすぎるのもよくわかる。

ボールを打つのは10球程度でいい。それ以上やると慣れが出て、効果が薄くなる。

椅子に座ったままスイングしてみる

横峯さくらが子どものころからやってきた練習として有名。使用する椅子《いす》は肘《ひじ》掛けがなく、座面が膝《ひざ》より高いものがいい（低いと、自分の膝が邪魔になる）。

椅子に浅く腰掛けて、上体は前傾しない。その状態で、まずはウェッジで素振りをしてみよう。

下半身が動かないので、手や腕の動きに

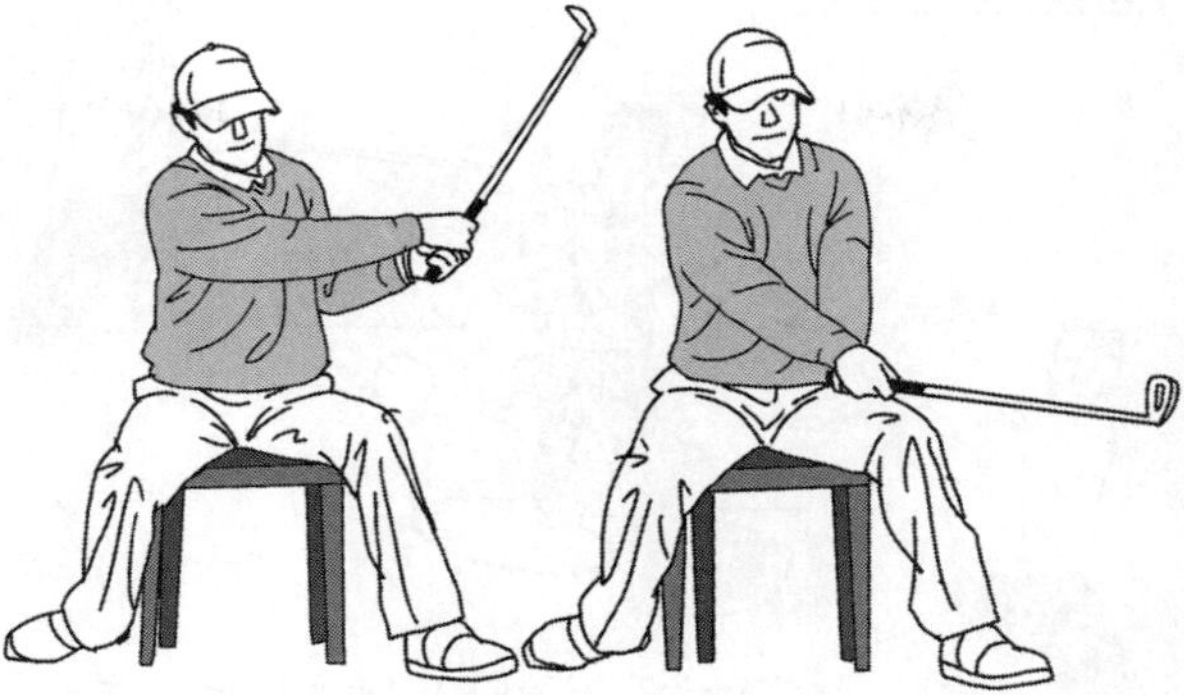

最初は素振り、慣れてきたらボールを打ってみる

集中でき、正しいコックやトップでの形、そして、インパクトからフォローまでの腕のローテーションなどが理解できる。下半身を使おうにも使えないので、腰から頭までが一本の軸として安定するのだ。

逆にいえば、ふつうのスイングがうまくいかないのは、下半身に余分な動きがあるということでもある。

ふつうのスイングでは、両膝《ひざ》が必要以上に動いたり、トップで左足の踵《かかと》、インパクトで右足の踵が必要以上に浮いてしまったりする人が多いが、椅子に座ってスイングすれば、そうした欠点が表に出てこない。

最初はウェッジの素振りから始めて、慣れてきたら、少しティーアップしてボールを打ってみる。そして、最終的にはドライ

立て膝でスイング

ボールの手前を叩いてしまう人が多い。ボールを上から叩き潰すようなイメージで振るといい

バーでも打てるようになればホンモノだ。

ふつうのスイングでも、椅子に座ったときのスイングを思い出せば、下半身のムダな動きがずっと減るはずである。

なお、椅子がないときは、椅子に座っているつもりでスイングしてもいい。腰をぐっと落として、下半身をできるだけ動かさないようにスイングするのだ。

これはスクワットと同じような筋トレにもなるし、股関節の可動域も広がるという一石二鳥の（ハードな）練習だ。

立て膝でスイング、あなたはできる？

椅子に座ってスイングする練習のバリエーション。椅子に座ってのスイングよりグリップの位置が低くなるところがミソだ。

膝立ての姿勢でスイングすると、ダウンスイングでクラブが寝てしまう悪癖《あくへき》のある人、つねにボールを上げようとする人は、十中八九、ボールのはるか手前をダフるはず。クラブが寝て入ってくると、ダウンスイングの途中でグリップエンドがボールのはるか上を指しているはず。これではヘッドが下がり、自分がイメージしているよりもヘッドは下を通過する。つまり、ひどいダフリになるというわけだ。

ちゃんとボールを飛ばすためには、クラブを寝かせず、ボールを上から叩き潰《つぶ》すようなイメージでスイングするといい。

ティーアップしないボールが打てたら、プロ級。

スイングのリズムがよくなる「連続3球打ち」

ボールを縦に3個並べて、連続して打つ練習。1球打ったら、間をおかずに右足、左足の順で前進して（もちろんボールの間隔分だけ）2球めを打ち、同じように3球めを打つ。

間があきすぎると、1球1球、構えてしまうので要注意。歩きながら、6～7割

1球ずつ構えず、リズムよくスイングする

の力でスイングする。

ボールを1個にして、その手前にボールが2個あるつもりで、歩きながら2回素振り。それからボールを打つというやり方でもいい。

この練習では、「よし、打つぞ」という感じにならないから、力みようがない。あくまでリズムが大切で、そのときのリズムこそが、あなたがふつうのスイングでも実現すべきリズムだ。

スイング中の前傾角度を保つための練習

さて、ここからはスイングの各論。

スイングには守るべきポイントがいくつかあるが、それができているかどうかをチェックする練習を紹介していく。

最初は前傾角度をキープするための練習だ。スイングの最中に前傾角度が変わるということは、体が上下動しているということ。これは、ゴルファーにとって致命的な欠点のひとつだ。体が上下に動いていては、いつも正しくボールに当たるはずがない。方向性が悪くなるのはもちろん、ボールにちゃんと力が伝わらないから飛距離も出ない。

前傾角度が狂う場面はふたつある。ひとつはバックスイングからトップにかけての右サイドの伸び上がり。これは、クラブの遠心力に負けて、体が浮き上がってしまったり、力んでクラブをより高いところから振り下ろそうすると、こうなる。アドレスで軽く曲げておいた膝や股関節が伸びてしまうのだ。

もうひとつは、ダウンスイングからインパクトにかけての左サイドの伸び上がりだ。これは、ボールを上げようという意識がそうさせることもあれば、腰がレベルに回らず、左腰を上に突き上げてしまう動きによって、そうなる場合もある。こうなると、ボールは右へプッシュアウトする。

前傾角度をキープするコツをつかむためには、次のようなシャドースイングがいい。まずドライバーを垂直に立てたら右手の手のひらをグリップエンドに置き、体を

前傾角度を保つコツ

ドライバーを垂直に保つには、膝と股関節の角度をキープ

支えるようにして押さえつける。その状態で前傾姿勢をつくったら、左手だけでシャドースイングをするのだ（インパクトまででいい）。

トップで上体が起きてしまうと、右手が手前にくるため、垂直に立っていたドライバーが手前に傾く。そうならないためには、右膝と右股関節の角度をキープしておく意識が必要で、これはそのままふつうのスイングにおいても肝《きも》になる。

次は、左手の手のひらでドライバーを支えて、右手だけでシャドースイングをする（これもインパクトまででいい）。ここでも、ダウンスイングで上体が起きてしまうと、左手が手前にくるため、ドライバーが手前に傾く。そうならないためには、左膝と左

股関節の角度をキープしておく意識が必要で、これまた、その意識はそのままふつうのスイングにとっても肝となる。
ラウンドでも、力んだり、疲れてくると、上体が起きやすい。そんなときは、このドリルで、前傾角度をキープするイメージを呼び覚ましてほしい。

〝手打ち〟をしなくなる効果バツグンの練習

「手打ちをするな！」——おそらくアマチュアゴルファーの多くは、耳にタコができるくらい聞かされてきた言葉だろう。

〝手打ち〟をしないために、「手でクラブを上げない」「肩と両腕でできた三角形をキープしたままスイングする」などのアドバイスもまた、何度も聞かされてきたはずだが、それでも〝手打ち〟が治らないのは、手は何でも自分のいうことを聞いてくれる、じつに〝器用な道具〟だからだ。

まあ人間は手を使うことで進化してきたわけで、その手を使うなというほうが無理な話ではあるのだ。

しかし、それでもやっぱりゴルフでは〝手打ち〟は禁物だ。なぜなら、手は器用で、なおかつ人間の意思に敏感に反応して動くため、少しでもショットに不安があるとボールに当てにいったり、逆に飛ばしたいと思うと力が入ったりする。これでは、スイングの軌道が安定しないし、手の力だけではボールを遠くに飛ばすパワーも生まれない。

では、どうすれば〝手打ち〟が治るのか？　答えは単純で、手を使えないようにしてスイングすればいい。そのひとつの方法が、両腕でボールを挟《はさ》んだままスイングするという方法。ご存じ片山晋呉が広めた練習法である。

首からボールを吊るす練習器具でも、１００円ショップで売っている直径20センチほどのボールでもいい。両脇を軽く締め、両腕でこのボールを挟んでスイングすると、クラブと体が一体となったスイングの感覚がつかめる。手だけで振ろうとすると、クラブが体の中心からずれて、かならずボールが落ちてしまうから、スイン

バックスイングでは意識を
腹筋に持っていくのがコツ

手だけでクラブを振ろうとすると、
両腕に挟んだボールが落ちてしまう

グの善し悪しがすぐにわかる。

バックスイングの肝《きも》は、腹筋を使うこと。意識を手ではなく、腹筋に持っていくと、クラブを手で上げなくなる。

テイクバックがスムーズになる練習

ゴルフは〝静から動〟へと切り換えるきっかけが難しいといわれる。止まっているボールを打つためには、アドレスで一度、静止しなければならない。そこから動、つまりテイクバックを始めるのが難しいのだ。

もちろん、完全に静止しては、金縛《かなしば》りのように動き出せなくなってしまうから、プロゴルファーは、ワッグルをしたり、両足を交互に踏んだり、体のどこかを動かしている。しかし、それでもその動きは、ごくごく小さいものだ。

アマチュアは、そういう小さな動きをしていても、テイクバックを始めるときには「いざ」という感じになってしまう。早くも力が入っており、いきなりクラブを手で持ち上げようとしたり、手首をこねてインサイドに引こうとするのだ。

テイクバックは、クラブをトップまで持っていくための最初の準備動作でしかな

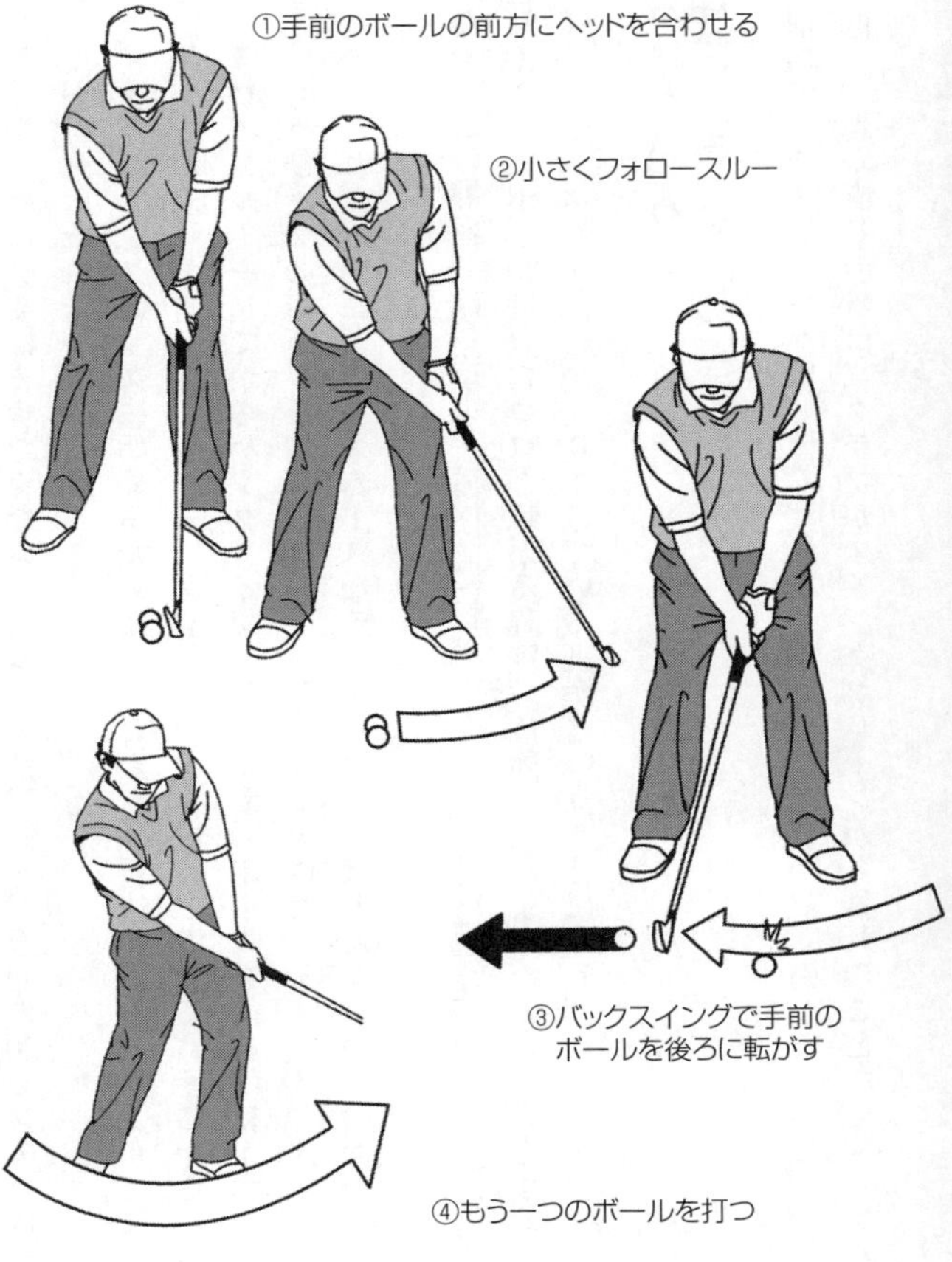
①手前のボールの前方にヘッドを合わせる
②小さくフォロースルー
③バックスイングで手前の
ボールを後ろに転がす
④もう一つのボールを打つ

い。勢いをつける必要はまったくない。スムーズに、低く、最初の30センチを真っ直ぐに引ければそれでいいのだ。

テイクバックをスムーズに始めるためには、こんな練習法がある。ボールを縦に2個並べておき、手前のボールの先にクラブヘッドを置いて構える。そこから、一度フォロースルーをしてからバックスイングし、手前のボールを後ろに転がす。そして、もうひとつのボールを打つ（125ページのイラスト参照）。

たったこれだけのことで、スムーズなテイクバックとはどんなものなのかが実感できる。

なお、この練習では、ボールが後ろに転がるので、後方には要注意のこと。ただ、正しくやればボールはコロコロと転がる程度。危険を伴うような転がり方をするときは、テイクバックに力が入りすぎている証拠ということになる。

テイクバックを低くとるための練習

前項で、テイクバックは、低く、最初の30センチは真っ直ぐ引くと述べた。低く、真っ直ぐ引けば、クラブがスイングプレーンから外れることなく、インパ

テイクバックでヘッドを低く、真っ直ぐ引くと、カバーに当たる

クトでヘッドが低く入ってくる。つまり、インパクトゾーンが長くなって、方向性も飛距離もアップするのだ。その感じをつかむための練習法をふたつ紹介しておこう。

①ボールの後方30センチにヘッドカバーを置く

使用クラブはドライバー。ボールの後方30センチにヘッドカバーを置き、テイクバック。このとき、ヘッドカバーにクラブヘッドが当たればOK。手首をこねてインサイドに引こうとしたり、クラブを持ち上げようとすると、当たらない。

②アイアンのバックフェイスでボールを後ろに押し出す（次ページのイラスト参照）

使用クラブはショートアイアン。ボールの7～8センチ後方にもうひとつボールを

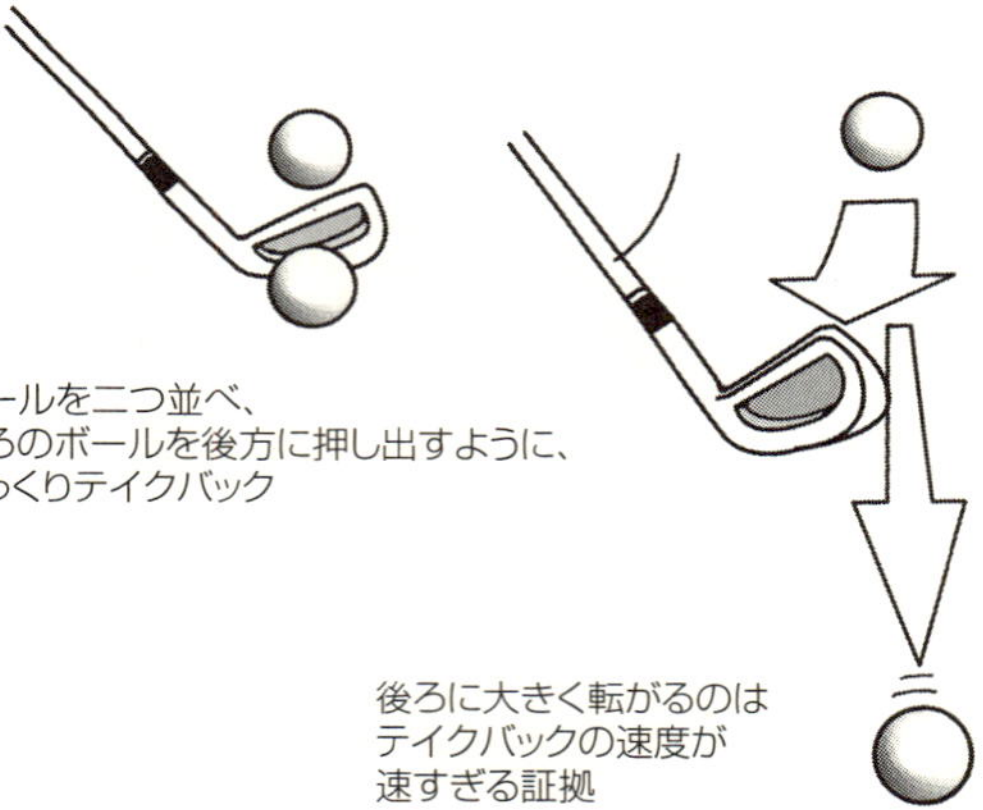
ボールを二つ並べ、
後ろのボールを後方に押し出すように、
ゆっくりテイクバック
後ろに大きく転がるのは
テイクバックの速度が
速すぎる証拠

置き、前のボールにクラブヘッドをセット。アイアンのバックフェイスで後ろのボールを後方に押し出すようにテイクバックして、前のボールを打つ。

後ろのボールが40センチくらい真っ直ぐ転がればOK。それ以上転がるのは、テイクバックのスピードが速すぎる証拠。スイングのリズムが速くなりがちな人には最適の練習法だ。

バックスイングでの右腕の使い方がわかる練習

アマチュアには、バックスイングで右脇が空いてしまう人（フライングエルボー）が多い。

クラブフェイスをシャット（閉じて）の

タオルを脇に挟む練習

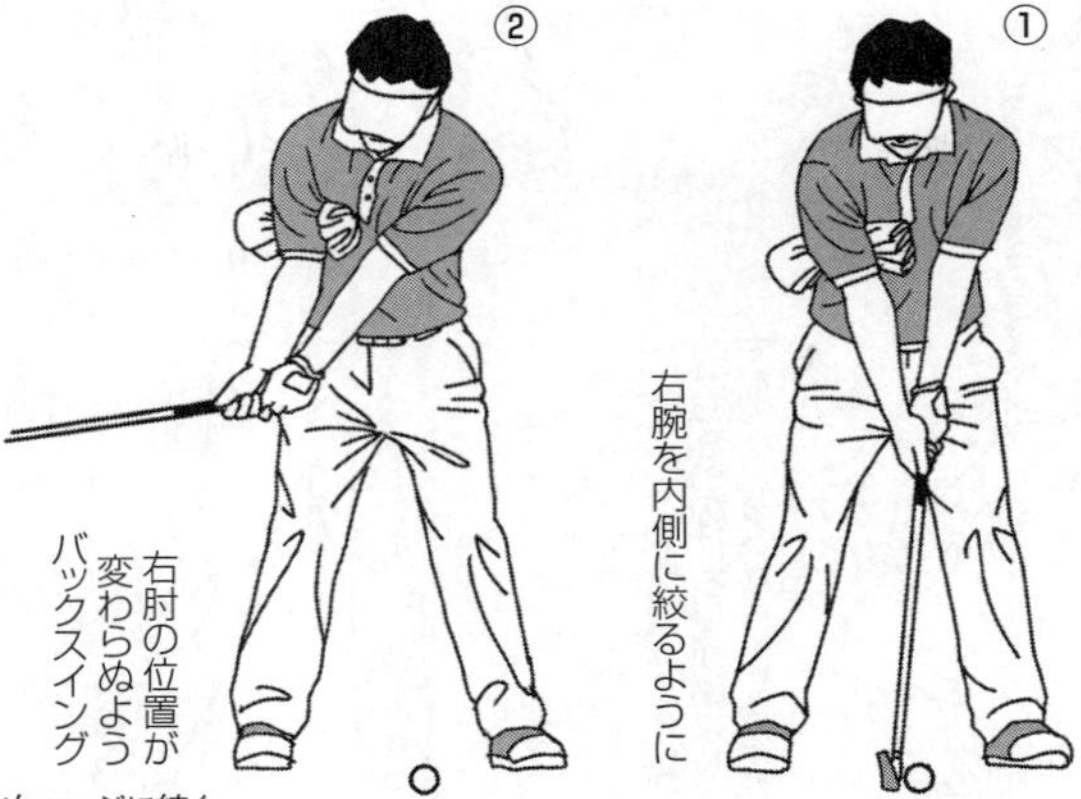
①
右腕を内側に絞るように
②
右肘の位置が変わらぬようバックスイング

次ページに続く

まま上げようしたり、オーバースイングになると、どうしても右脇が空いてしまう。これでは右肘《ひじ》も浮き上がり、ダウンでクラブを真っ直ぐ下ろすことができない。バッグスイングからダウンスイングでは、右肘はつねに下を向いているべきで、それで初めてボールを叩けるのだ。

バックスイングで右脇を空けず、つねに右肘を下に向けておくには、右脇にヘッドカバーや丸めたタオルを挟んでスイングしてみるといい。

アドレスで、右肘が体の内側を指すように右腕を絞る。

そして、右肘の位置が変わらないようにバックスイングする。テイクバックを始めたら、右肘を支点にして徐々に右腕をたた

トップでタオルが落ちないのは右脇が閉まり、右肘をうまく使えている証拠

んでいくのがコツだ。

トップでタオルが落ちなければ、右脇が空かず、右肘も下を向いている証拠。腕と体が一体となったスイングができるようになる。

切り返しのタイミングがバッチリつかめる練習

ゴルフのスイングで、もっとも難しいとされているのが「切り返し」だ。

理想は、クラブがトップに到達する直前に、左踵《かかと》を踏む、左膝を左に移動するなどの動きをきっかけにして、体重を左に移動。そして、腰が先に開き、肩の開きを我慢しながらインパクトを迎えるのが、いわゆる「下半身始動」の理想的なスイングというこ

切り返しの練習
①
②
トップで一度静止。
グリップの高さは
右肩の下で十分

次ページに続く

とになる。

つまり「切り返し」には、上半身と下半身の動きに〝時差〟が必要なのだが、それだけにそのタイミングを会得するのが難しいというわけだ。

そこで、こんな練習をしてみる。トップで一度静止してから、ボールを打つのだ。

このときのトップは、実際のトップより低く、右肩の下でいい。なぜなら、そこで静止してからダウンスイングに入ろうとすると、かならず5～10センチ、トップの位置が高くなるからだ。

実際のスイングでも、トップの位置を右肩あたりにしようとしている人は、さらに手が上がってオーバースイングになる。

これは慣性の力によるもので、ゴルファ

左足を引き寄せる

左足を踏み出すと同時にダウンスイングを開始

ーの意思で止められるものではない。

プロのなかには、トップの位置を右腰あたりのつもりでいる人もいるほどである（ただし、低いトップでいいからといって、手でヒョイと上げないこと。グリップの位置はアドレスのままにして、そこから腹筋と背筋を使って上体だけを捻っていくイメージだ）。

ともかく、トップで一度静止すると、下半身主導のダウンスイングのきっかけがつかみやすくなる。それに、上体が突っ込むこともなくなる。

バリエーションとして、トップで静止したら、左足を右足に寄せ、そこから左足を飛球線方向に踏み込むと同時にダウンスイングを始めるという練習方法もある。

ビギナーは、こちらのほうが切り返しの

上体が突っ込むことなくスイングできる

タイミングをつかみやすいはずだ。

正しいダウンブローをマスターするための練習

アイアンはダウンブローで打ってこそ、本来の飛距離が出る。

プロゴルファーがアイアンを打ったときのターフは、かならずボールの先にできる。これは、クラブの最下点がボールの先だということであり、彼らがダウンブローでスイングしていることの何よりの証拠だといえる。

ところが、このダウンブロー、アマチュアにはできていない人が圧倒的に多い。

かわりに多いのが、ボールをすくい打ちしようとしたり、払い打ちしようとしたり

ボールの手前に
小さなモノを置く

する人々。これでは、ロフトどおりのショットにはならず、ボールが必要以上に上がったり、右にふけたりする。

かといって、ダウンブロー↓打ち込むという意識が強すぎると、ダウンスイングで上体が突っ込むなどのミスが起きる。

考え方としては、打ち方はそのままで、ただクラブの最下点がボールのちょっと先にあると思えばいいのだ。そういうイメージを持ち、次の練習をしてみてほしい。

ボールの手前5~6センチのところに、ボールマーカーでもティーでもいいから小さなモノを置いておく。そして、それに当てないようにボールを打つのだ。

最初はショートアイアンのハーフショットでいい。慣れてきたら、フルスイングにして、クラブも長いものにかえていこう。

インパクトの正しい形をつくるための練習

よく「インパクトはアドレスの再現」というが、この言い方は正しくない。インパクトとアドレスで、もっとも違うのは腰の向き。

アドレスで、腰は正面を向いている、つまり飛球線方向と平行になっているものだが、インパクトでは、腰が45度開いている。下半身始動のダウンスイングでは、インパクトで腰が先に開き、肩の開きは極力我慢するのが正しい。

そこでこんな練習をしてみる。使用クラブはショートアイアン。高めにティーアップして、通常のセットアップをしたら、左手を離して、ズボンの左のポケットをつかむ。そして、右手一本でバックスイングしたら、切り返しと同時に左手でポケットを真後ろに引っ張るのだ。

すると、当然ながら腰がレベルに回る。そして、腰が回ってからクラブが下りてくる。これがインパクトの形で、この練習は強制的に腰を先に回すことで、その感覚がつかめるというわけである。

これは、インパクトで左サイドが伸び上がってしまう悪癖のある人にもひじょう

左手でズボンを水平方向に
引きながら右手1本でスイング

に有効なドリルだ。インパクトの正しい形が覚えられるだけでなく、腰がレベルに回転しているため、左サイドにクラブの抜け道ができる。気持ちよくクラブが振り抜けるはずだ。

さらに、ダウンスイングでシャフトが地面に平行になるまで、右手のコックを解かず(リリースせず)、ハンドファーストのインパクトができるようになれば完璧!

理想的なフィニッシュをつくるための練習

理想的なフィニッシュとは、体重がほぼ100パーセント左足に移動、ヘソがターゲット方向を向き、クラブが首に巻きつくように納まっているというもの(実際は、首に巻きついたクラブが反動で胸のあたりに戻ってくるが)。左足一本でスッと立っているような、きれいなI字型になっている。

はたから見ても美しいこのフィニッシュは、タイミングよく体重移動が行なわれた証明でもある。ここでは、その左への体重移動をマスターし、理想的なフォロー～フィニッシュをつくるための練習を紹介する。

使用クラブはショートアイアン。ボールをセットしたら、インパクトの形をつく

バックスイングせず、
フォローだけで飛ばす

る（前項のドリルを参照）。そして、反動をつけず（クラブフェイスをボールに当てたまま）、フォローだけでボールを飛ばす練習である。

手や腕の力でボールを飛ばそうとしてもまず無理だ。意識をクラブヘッドに集中して、体全体を使わないとボールは飛ばない。もちろん体重移動は必要。

上級者なら30ヤードは飛ばせるが、最初のうちは結果は気にしなくていい。体重移動をきちんとして、正しいフィニッシュをとることに専念しよう。

フォローでの左腕の使い方がわかる練習

ハンドファーストのインパクトでは、そ

の瞬間、右肘はまだ折れており、左腕が伸びている。しかし、その直後、一瞬だけクラブの遠心力によって両腕が伸び、そこからは、腕のローテーションとともに今度は左肘がたたまれていく。つまり左脇が締まる。

そうしないことには、クラブを丸く振ること（正しいスイングプレーンに乗せること）はできない。

しかし、アマチュアのなかには、フォローで左脇が空いてしまう人がひじょうに多い。昔から「クラブを飛球線方向に放り出せ」という教え方があり、そのせいなのかもしれない。これは、インパクトのあと、一瞬だけ両腕が伸びたとき、それがあたかもクラブを飛球線方向に放り出しているように見えることからきた教えだ。しかし、これはあくまで一瞬であり、その後は、体の回転とともに、クラブヘッドは左（インサイド）へと抜けていくべきもの。それが慣性というもので、その動きに逆らってはいけない。

クラブヘッドが気持ちよくインサイドに抜けるためには、左肘をたたんでやる必要がある。そのコツを会得するふたつの練習法を紹介する。

①左脇にヘッドカバーを挟んでスイングする

バックスイングで右脇にヘッドカバーを挟む練習を紹介したが、その逆バージョ

背中を向けて打つ練習

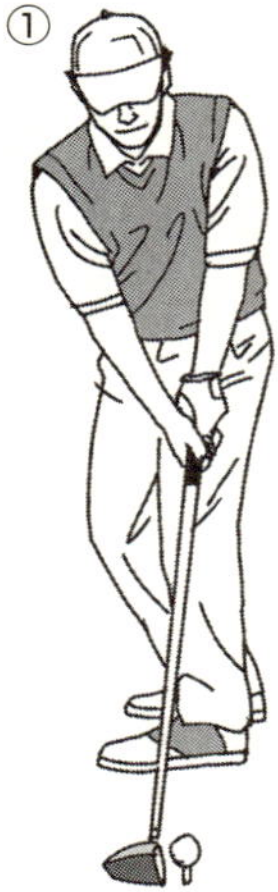

通常のアドレスより
90度閉じた極端な
クローズドスタンス
（打ち出す方向に背中を向ける）

フィニッシュで左肘をたたんで
クラブを振り抜かないと、
ボールは真っ直ぐ飛ばない

ン。左脇が締まっていると、フォローで左肘がたたみやすくなる。

②背中を向けてスイングする

最初はちょっと極端なクローズドスタンスから始めてみる。ボールを真っ直ぐ飛ばそうと思えば、クラブを左に振り抜くしかない。そのためには、インパクトのあと左肘をたたむしかないことがわかるはずだ。

最後は右のイラストのように、ターゲットに背中を向けてスイング。左肘をたたむことで、クラブが体から離れず、ビュッとヘッドが走ることが実感できるはずだ。

正しいプレーンで振り切るための練習

ゴルフのスイングは「バックスイングがすべて」という奥田プロの話を、本書のプロローグで紹介した。ただ、だからといって、他の部分がどうでもいいというわけではもちろんない。

たしかに、トップまでクラブをどう上げるかで、スイングの大方は決まってしまうけれど、アマチュアのなかには、バックスイングはＯＫでも、そのあとの体の使い方が間違っていたり、余計な力が入ったり、わざわざやらなくていいことをやってしまうことで、自らスイングをぶち壊しにしている人が多いのだ。

スイングの後半に問題がある人は、練習場でバックスイングの軌道やトップの位置、ダウンスイングの形ばかり気にしている人に多い。これがすぎると、フォローがお留守になる。わずか1秒ちょっとで終わるスイングをダウンスイングやフォローなどパーツに分けるのはナンセンス、という考え方にも一理あるけれど、フォローがおかしいとなれば、そこを治すしかない。

というわけで、ここでは、これまでのドリルを踏まえて、最終的に正しいプレーンで振り切るための練習法を紹介する。

やり方はいたって簡単。ボールを見るかわりに、最初からターゲットだけを見ながらスイングするのである。

最初から最後までターゲットを見ているのだから、当然ながら、フォローでのクラブの軌道がよくわかる。つまり、フォローで自分のイメージした軌道どおりにクラブヘッドが動いているかどうかが一目瞭然になるというわけだ。

おそらく、最初のうちはボールにかすりもしないという人が多いはずだ。しかし、これまで紹介した練習をくり返していけば、バックスイングからダウンスイングにかけて、クラブヘッドがどこにあるかイメージできるようになり、かならず当たるようになる。

つまり、この練習は、正しいバックスイングやダウンスイングができているかどうかをチェックする練習でもあるのだ。そして、当たり出したら、フォローが正しいかどうか自分の目で確かめながら、スイングを修正していく。

ポイントは、フォローの軌道がおかしいからといって、手や腕の力で無理やり軌道修正しようとしないこと（左肘をたたむことだけは意識する）。あくまで体の回転と慣性の力によって、意識しないでも正しいフォローになるよう努力してほしい。

自分のスイングの完成度がわかる究極の練習

この章の最後に、あなたが「正しいスイング」を身につけているかどうかがわかる究極の練習法を紹介しておこう。

それは、直《じか》ドラ。ティーアップしないボールをドライバーで打つ練習だ。

トーナメントで石川遼がしばしば見せる直ドラだが、このショットが難しいことはいうまでもない。まず、ドライバーはすべてのクラブのなかでもっともシャフトが長く、それだけプレーンからズレやすい。そして、ロフトが少ないため、ボールがつかまりにくい。さらに、ヘッドの重心位置が高いため、直ドラではスイートスポットの下に当たりやすい。しかも、ヘッドのソールの形状が地面にあるボールを打つことを想定してつくられていないため、少しでもダフるとヘッドが跳《は》ねてしまうのだ。

そんなわけで、直ドラはプロでも難度の高い技で、アマチュアでも5下くらいの腕前ではないとうまく打てない。スイングプレーンが少しでもズレると、ボールにミートしないのだ。

うまくボールに当たっても、低いスライスになる。だからといってボールを上げようとしてはまずダフリかトップ。ただ、ここは考えようで、最初から低いボールを打つつもりでいいのだ。とくにふだんからボールを上げようとしてしまうゴルファーには、直ドラは低いボールを打つための練習としてひじょうに効果がある。

もうひとつ、直ドラを練習していると、3番ウッドや5番ウッドがひじょうにやさしく感じるというおまけもある。自分のスイングがどこまで完成しているかをチェックする意味で、ときどき直ドラに挑戦してみてはいかがだろう。

3章

スライス、フック、すくい打ち、煽り打ち…のあなたへ――

直らない欠点を克服し、飛距離もグングン伸びる練習

弱点を克服する練習法

重度のスライスを治すショック療法

この章では、ゴルファーのさまざまな悩みを解決するための練習法を紹介していく。

ゴルファーの悩みといえば、スライスやフックが出ないようにしたい、ドライバーの飛距離を伸ばしたいなどだが、じつをいえば、こうした悩みは2章で紹介した「正しいスイング」をつくる練習をくり返せば、自然に治る。

飛距離だって、正しいスイングができればミート率がよくなり、並のヘッドスピード（男子で40m／s）でも、240ヤードは飛ばせるのだ。それが証拠に、女子プロゴルファーの平均的なヘッドスピードは、並の成人男子と同じくらいだが、彼女たちは240ヤードくらいは飛ばしているではないか。

飛距離の伸ばし方は後述するとして、最初はスライスの矯正である。

ゴルフのビギナーは90パーセントがスライサーだといわれる。そこからスライスをしない打ち方を覚えてフッカーになれば、一歩前進。そして、さらに技術を磨いて、フェードやドローが持ち球になれば、晴れて一人前のゴルファーということになる。

ビギナーにスライサーが多いのは、体の開きが早く、いわゆるカット打ちになっているケースが多いが、クラブの構造にも理由がある。2章でも述べたように、ゴルフクラブの重心はシャフトの中にはなく、外に飛び出たクラブフェイスの真ん中あたりにある。そのため、インパクトでフェイスを返さないと、フェイスが開いたままボールに当たる。つまり、スライスが出てしまうのだ。

そのため、スライスに悩むビギナーは、次にインパクトでフェイスを返すことを覚える。そして、今度はそれをやりすぎてフッカーになるというパターンが多い。

しかし、スライスを根本的に治すためには、小手先の修正ではダメ。カット打ちの軌道、つまりアウトサイド・インの軌道そのものを治す必要がある。2章の最初の項目で述べたように、インサイド・インの軌道に修正しないことには、球筋はいっこうに安定しないのだ。

というわけで、最初はショック療法から。アウトサイド・インとは真逆。極端な

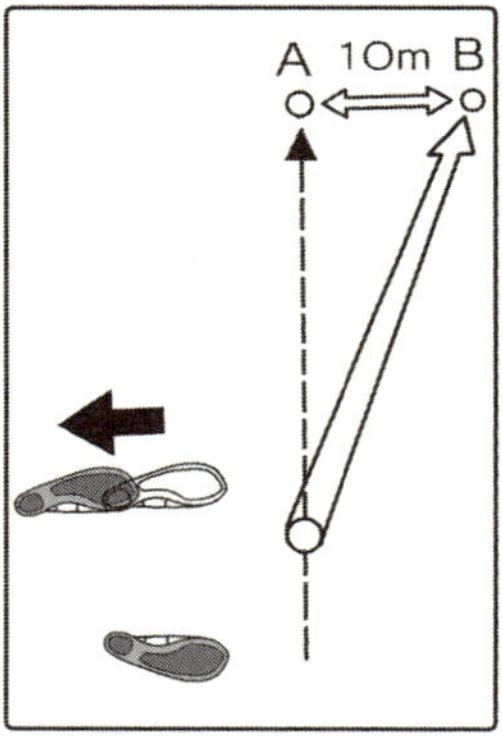

極端なインサイド・アウトでスライスを矯正

インサイド・アウトの軌道（フックやドローの球筋になる）で打つ練習から始めてみよう。具体的なやり方は以下のとおり。使用クラブは9I〜7I。症状が重い人ほど、ボールのつかまりのいい9Iから始めたほうがいい。

- 目標Aに対してスクエアなスタンスをとったら、左足を一足分引いて、オープンに構える。
- 目標Aの右側10メートルあたりに目標Bを設定し、フォローでヘッドがBに向かうようにスイングする。

インサイド・アウトの軌道はクローズドスタンスで構えるのがふつうだが、ここではあえてオープンスタンスに構えるところがミソ。ゴルファーにしてみれば、極端にボールを右に打ち出す感じになるが、それでいい。まずは、自分とは真逆の軌道を体験して、その違い（違和感）を実感するところから始めてみよう。

そして、ボールが右に出始めたら、オープンスタンスを徐々にスクエアに近づけていく。ターゲットは、やはり目標Bだ。

スタンスをスクエアにして、ドライバーで打っても、目標Bに向かって打ち出したボールが目標Aに戻ってくるようになれば、そのゴルファーは晴れてドローヒッターということになる。

球筋がスライス気味になったときの克服法

前項のようなショック療法ではなくとも、最近、球筋がスライス気味になってきたというゴルファーは、こんな練習をしてみよう。

①ボールの斜め前後に2個ボールを置いて打つ

2個のボールは次ページのイラストのようにアウトサイド・インの軌道上に置く。すると、ゴルファーは本能的にそのボールに当てないようにスイングしようとする。つまり、自然にインサイド・アウトの軌道になるというわけだ。

アウトサイド・インの軌道上に置かれたボールに当たらぬよう、スイングは自然にインサイド・アウトになる

②ボールより1メートル目標寄りに2個ボールを置いて打つ

151ページのイラストのようにボールAはターゲット方向、ボールBはAより10センチ外側に置く。ボールAを打つつもりでセットアップ。しかし、テイクバックを開始したら、「AではなくBを打て」という命令を出す。そして、トップからはBのボールをめがけて打つ。

①と同じ意味の練習だが、スイングの途中で目標を変更するので、よりインサイドからクラブが入りやすくなる。

③ボールの向こう側にクラブを置く

ボールの向こう側5~10センチくらいのところに、飛球線と平行にクラブを置く。

スイング途中で目標を変更
することにより、インサイド
からクラブが入りやすくなる

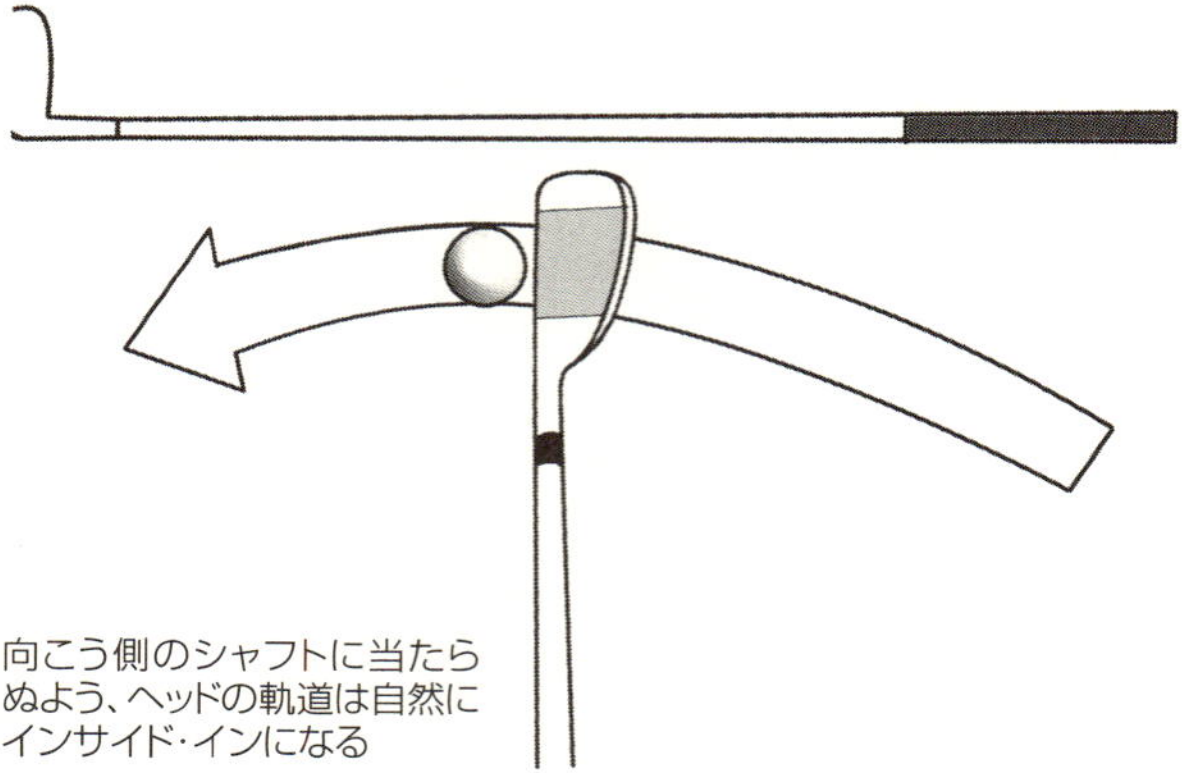

向こう側のシャフトに当たらぬよう、ヘッドの軌道は自然にインサイド・インになる

クラブがアウトサイドから入ってくるとシャフトに当たるため、インサイドから入れざるをえなくなる。また、アウトに振り抜いてもシャフトに当たるため、振り抜く方向もインサイドに。つまり、インサイド・インの理想的な軌道になるというわけだ。

なお、①と③は、ボールを打つまえには何度も素振りをして、クラブの軌道をイメージすること。いきなりは、ちょっと危険。

スライスの矯正法について紹介してきたが、スライスの原因は、このほかにもグリップがウイークすぎる、肩のラインが最初から左を向いている、ボールの位置が右すぎる、ボールと体の距離が近すぎるなど、グリップとアドレスに原因がある場合も少なくない。それが結果として、アウトサイド・インの軌道でしか打てない理由になっていたりするのだ。

グリップとアドレスは基本中の基本。調子が落ちてきたときは、かならずチェックしてみてほしい。

すくい打ちが原因のスライスを治す練習

スライスは、インパクトで右肩が下がり、すくい打ちになったときにもよく出る。

そういう場合は、上のイラストのように右足をカゴに乗せ、クローズドスタンスで打ってみよう。

クローズドスタンスにすることで、クラブがインサイドから入りやすくなる。しかも、左足下がりの状態をつくっているため、すくい打ちすることができない（やろうとしてもまず空振りします）。結果として、インサイド・インでしかもダウンブローという理想の軌道でスイングすることができる。左足を軸に、思い切って体を左にターンさせてやるのがコツ。

重度のフックとフック気味の球筋を治す練習

フックの治し方は、基本的にスライスの治し方とは逆。

まず重度のフックは、重度のスライスの治し方とは逆。軌道が極端なインサイド・アウトになっているのだから、極端なアウトサイド・インの軌道でボールを打ってみる。すなわち、クローズドスタンスで、通常の目標よりも10メートルほど左側の目標に向かって打ってみる。いわゆる大根切りのようなスイングだが、それでスライスが出ればOK。徐々にスタンスをスクエアに戻し、球筋を調整していこう。

ふつうのフックの場合も、149ページのスライス矯正法とは逆。ボールの置き方は左ページのイラストのようになる。クラブを置いて修正する場合は、ボールの手前10センチのところに飛球線と平行に置けばいい。

このほか、フックの原因として考えられるのは、グリップがストロングすぎる、アドレスで肩のラインが右を向きすぎている、ボールの位置が左すぎる、などアド

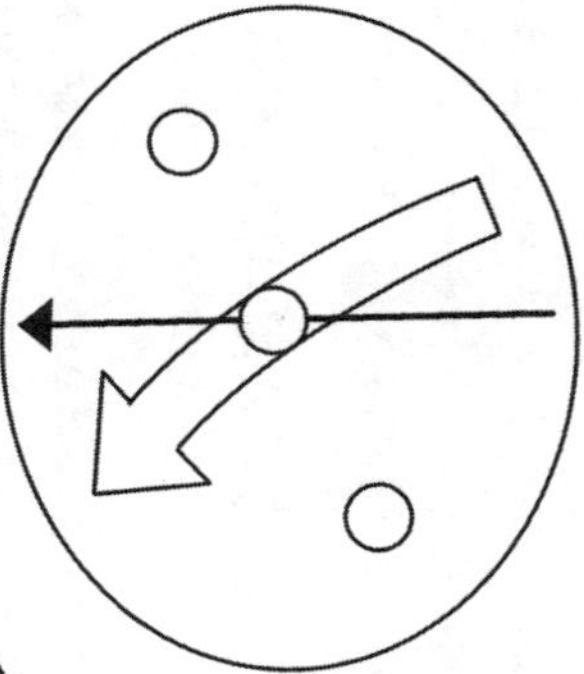

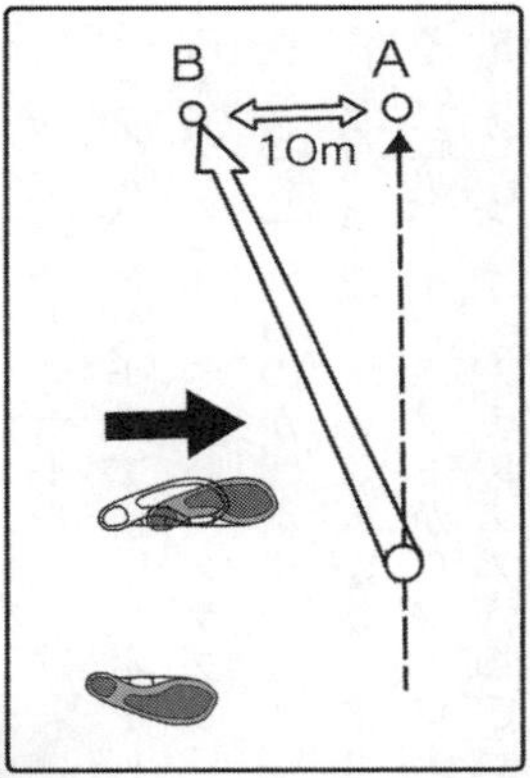

極端なアウトサイド・インで
フックを矯正

インサイド・アウトの軌道上に置かれたボールに当たらぬよう、スイングは自然にアウトサイド・インになる

レスの段階で何かが〝すぎる〟場合も多い。そのあたりは、スライス同様、もう一度、基本に立ち返ってチェックしていただきたい。

球を上げようとする悪癖を治す簡単な練習

ゴルフのスイングには、近くにある高い木の上を狙うなどの例外を除けば、基本的に〝ボールを上げようとする動き〟はない。それでもボールが上がるのは、クラブにロフトがついていることとボールにスピンがかかっているからで、ボールを高く上げて止めるロブショットでも、ボールを上げるのはクラブの仕事。ゴルファーがスイングの仕方でボールを上げようとすると、トップしたりする。

ところが、アマチュアには、ボールを上げようとして、すくい打ち、煽《あお》り打ちになる人がひじょうに多い。クラブのロフトが信じられないのか、それともロフトの存在を忘れているのか、ボールを上げるためには、上げるような打ち方をしなければならないと思っている人が多いようなのだ。

その結果、インパクトからフォローで上体が伸び上がり、スライスやプッシュアウト、そしてときにはトップが出てしまう。

ゴルフのインパクトは、アイアンならダウンブロー、FWは横からの払い打ち（もしくはダウンブロー）で、ボールを上げようとするとたいていミスショットになる。それもある意味、当然の話。なぜなら、地面にあるボールをすくい打ちしようとすれば、ボールの下にスペースがない以上、地面を掘るしかない。これではうまく当たるはずがないのだ。

その意味でいえば、ティーアップして打つドライバーだけは、ボールの下にスペースがあるからややアッパー気味の軌道になる。

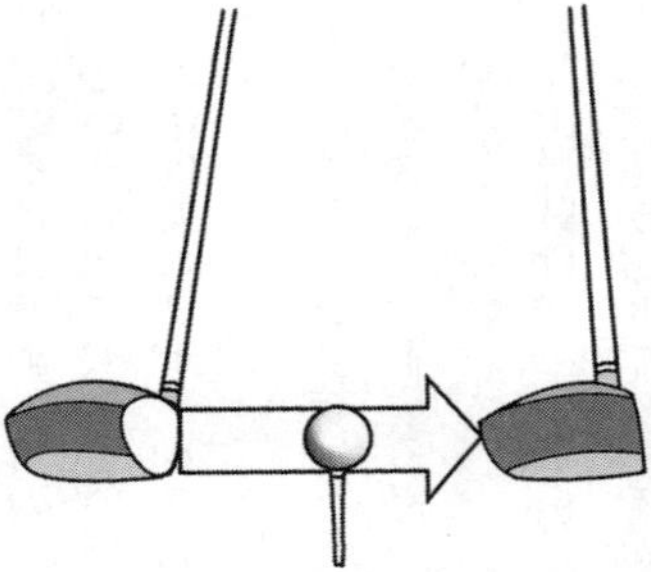

ドライバーのヘッドはボールをとらえる前後は水平に移動している、というイメージを持つ

とはいえ、意識としてはドライバーのヘッドも水平に動くものだと考えたほうがいい。ドライバーは全クラブのなかで、もっとも左にボールを置いて、なおかつティーアップして打つクラブだ。レベルにスイングしているつもりでも、いや上から叩いているつもりでも、インパクトはヘッドが最下点を通過してからになる。つまり、結果として、アッパー軌道になりかけたときにボールに当たるわ

けで、それは意識してのことではなく、いわば自然の摂理なのだ。

というわけで、すくい打ちを治す練習である。

方法は簡単。ボールを高くティーアップして打つ練習をすればいい。それだけでゴルファーはすくい打ちしようとしなくなる。なぜなら、すくい打ちの動きが少しでも出るとテンプラになることがわかっているからだ。

ナイスショットするためには、体の上下動をなくして、レベルな軌道でインパクトするしかない。

片山晋呉は、「ティーの高さはプライドの高さ」といっている。それだけ、プロにとってもティーアップを高くしてドライバーを打つのは難しく、難しいだけに、いい練習にもなるというわけだ。

これとは反対に、極端にティーアップを低くしてドライバーを打つというのもいい。感覚としては直ドラに近く、これもすくい打ちしようとすると、ダフるかトップする。クリーンにボールをつかまえて低いボールが打てればシングル級。

この打ち方がマスターできれば、すくい打ちが治るのはもちろん、アゲンストのときの大きな武器にもなる。

遠心力を使いクラブをフラットに振る練習

いま、タイガー・ウッズをはじめ一流プロの間では、フラットなスイングが主流になりつつある。とくにドライバーがそう。これはフラットなスイングのほうが距離が出るからということもあるが、クラブの長さがひと昔前の43インチから45インチ前後と長くなったこともおおいに関係がある。

フラットなスイングの反対は、アップライトなスイングだが、長いクラブはアップライトには打ちにくい。アップライトなスイングはどちらかといえば縦振りだから、その軌道がV字になりやすい。しかし、すでに述べたようにドライバーはレベルに振る意識が必要。V字では、ダフりやすいのだ。

そこで、クラブをフラットに振る練習である。方法は簡単。ボールから思いっきり離れて打ってみればいい。

遠くにあるボールを打つためには、クラブをフラットに振るしかない。

クラブをフラットに振ると、遠心力を利用したスイングの感覚がよくわかる。体を中心に〝ヘッドを丸く振る〟感覚といえばいいか。

遠心力を利用する

①
ボールから思いきり
離れてアドレス
②
③
クラブをフラットに振るこ
とで、遠心力を利用した
スイングを体感できる

遠くにあるボールが打てるようになったら、徐々にボールの位置と前傾角度をふつうに戻す。しかし、スイングは、あくまで遠心力を利用したフラットな軌道を意識することだ。

スエーを治し正しく体重移動する練習

スエーとは、回転軸がズレること。ここでは、もっとも多い左右のスエーの治療法を紹介する。

まず右へのスエーに悩んでいる人は、キャディバッグを右足の外側ぎりぎりにセットする。こうしてアドレスすると、右ヒザとキャディバッグの間には10センチほどの隙間《すきま》ができるはず。そして、バックスイングで右ヒザがキャディバッグに当たらないようスイングする。右ヒザがキャディバッグに当たれば、バックスイングで下半身が右にスエーしている証拠だ。

いっぽう、ダウンスイングで左へスエーしてしまう人は、左足の外側ギリギリにキャディバッグを置いて、ダウンスイングで左ヒザがキャディバッグに当たらないようにスイングする。

スエーの矯正法

スエーは、飛ばそうとして、体重移動を意識しすぎると起こりやすい。簡単にいうと、右へのスエーは体重を右に移動しすぎて、軸が右にズレてしまう。左へのスエーはその反動で起こりやすく、多くの場合、右にスエーするゴルファーは左へもスエーしている。

正しい体重移動は、両足の内側でおこなわれる。そのためには、アドレスで股関《こかん》節《せつ》から前傾することが大切。股関節から前傾するとは、脚の付け根（鼠蹊部《そけいぶ》）から上半身を折るということで、ゴリラがお尻を突き出しているような感じになる。

そして、バックスイングでは、右の股関節に体重を乗せ、ダウンスイングからは左の股関節に体重を乗せるのが正しい体重移動。バックスイングでは上半身の体重で上から圧力をかけるようなつもりで右股関節に体重を乗せ、その圧力が膝↓足裏へと伝わるイメージだ。

ダウンスイングからフィニッシュにかけては、その反対。左股関節が伸びないように圧力をかける。ただし、はたから見ると、その動きは小さい。いかにも「体重移動してます」というスイングは、たいていスエーしていると思っていい。

右へのスエーがなくなれば、トップで回転軸が左に傾くリバースピボット（いわゆるギッタンバッコンのスイング）がなくなるし、左へのスエーがなくなれば、体が突っ込むミスがなくなるはずだ。

プッシュアウトやヒッカケを矯正する練習

「正しいスイング」では、ボールは両肩を結んだ方向に飛んでいく。バンカーショットでは、スタンスはオープンでも、肩はスクエアにしておくのが基本だが、これは肩までオープンにしてしまうと、ボールは目標より左に飛んでしまうからだ。

両肩を結んだ方向にボールが飛んでいくということは、正しいインパクトの形をつくってみれば了解されるはずだ。肩の線が飛球線に対してスクエアなら、ボールは真っ直ぐ飛び出すし、肩の線が右を向いていれば（閉じていれば）、ボールは右に（ドローやフック）、肩の線が左を向いていれば（開いていれば）、ボールは左に（フェードやスライス）飛び出すことがわかるだろう。

だから、プロゴルファーのなかには、意図的に肩の向きをコントロールすることで球筋をコントロールする人もいる。しかし、肩の向きはゴルファーが意図しないのに変わってしまうことがある。

ひとつは、力んだときや、打ちにいったとき。こんなときは右肩が出て、ヒッカ

フックが出やすい人には、
右肩を抑える練習
スライスが出やすい人には、
左肩を抑える練習

ケが出てしまう（カット軌道になって、スライスする場合もある）。もうひとつは、左肩が出たときのプッシュアウトだ。

こういう悪癖のあるゴルファーは、こんな練習をしてみよう。

インパクトで右肩が出やすい人は、左手で右肩を押さえながら、右手一本でボールを打ってみる。使用クラブはショートアイアンかウェッジでいい。最初に何回か素振りをして、感じがつかめてきたら実際にボールを打ってみる。

左肩も同様におこなう。

この練習は、インパクトでの肩のラインをスクエアに保つというだけでなく、左右の腕の使い方や腰を切るタイミングを知るためにもひじょうに効果がある。

苦手なロングアイアンを打ちこなすための練習

1章で、5I（ロングアイアン）を打ちこなすためには、まず苦手意識をなくすことが大切だといった。そこで紹介したのは、短く持って7Iのつもりでハーフスイングする、ティーアップして打つというものだったが、ここではもう少し進化した練習法を紹介しておく。

ロングアイアンを苦手にしているゴルファーが多いのは、クラブが長い、ロフトが立っている、ヘッドが小さくて軽い、ヘッドの重心深度が浅いなどの理由で、ボールがつかまりにくかったり、振り遅れたりしやすかったりするからだ。その結果、スライスが出やすくする。

そこで、ロングアイアンで練習するときは、意図的に低いフックボールを打つ練習をしてみよう。フルスイングする必要はない。ボールもティーアップしていいから、130ヤードくらい飛ばすつもりで、低いフックを打つ。

コツは、インサイドからヘッドを入れて、手を早めに返して、ヘッドを低くインサイドに抜いていくこと。フォローでグリップが左腰あたりにきたときに、右手の甲が正面を向いているくらいでいい。アマチュアには、手の返しが遅れて、この段階では右手の甲がまだ下を向いている人が多いはずだ。ただし、手を返すのは、手首をこねるのではなく、あくまで腕のローテーションによって、ということは意識しておくこと。

また、ロングアイアンとショートアイアンを交互に打つという練習もいい。うまく当たらないロングアイアンをカッカしながら打ち続けていると、スイングそのものがおかしくなることもある。易しいクラブと交互に打つことで、その易しさがロングアイアンに伝わってくるはずだ。

左足下がり・左足上がりのライに強くなる練習

ゴルフがなかなか上達しない理由のひとつとしてよくいわれるのが、練習場とコースの違いだ。他のスポーツは、野球でもサッカーでも、練習は本番と同じ環境でできる。しかし、ゴルフの場合、練習は平らなマットからボールを打つのに対して、実際のコースでは、ティーグラウンドを除くと、平らなところはほとんどない。

前後左右、さらにはそれらが複合した傾斜地からボールを打たなければならない

傾斜をイメージし、体を傾けるだけでも、左足上がり・左足下がりの練習になる

ことがほとんどだ。練習場では傾斜からのショットの練習がむずかしく、だからゴルフは簡単には上達しないというわけである。

たしかに、スイングの基礎は平らなマットで固めることはできるし、集中的にラウンドすれば、実戦のなかで傾斜からのショットをマスターすることはできるかもしれない。しかし、月に1～2回のラウンドで、傾斜からのショットをマスターしようと思えば、練習場での練習のしかたを工夫するしかない。

まずは、左足下がりと左足上がりのライからの練習法だ。

もっとも単純なのは、左右の足場のどちらかを高くするというもので、練習場のカゴや発泡スチロールのブロックを使うといい。左足の下に置けば左足上がり、右足の下に置けば左足下がりのライになる。スイングのコツは、体重移動を極力しないこと。左足下がりなら左足体重、左足上がりなら右足体重のままスイングするのだ。つま先上がり、つま先下がりもそうだが、傾斜ではどうしても足場が不安定になる。そのため大振りは厳禁。下半身もできるだけ動かさないようにしてスイングしたほうがいい。もちろんその分だけ距離が落ちるが、それは大きめのクラブを使うことでカバーすればいい。

練習場の足場がマットの分だけが床より高くなっていれば、カゴやブロックを使わなくても、傾斜からのショットが練習できる。左足をマットに外に出せば左足下がり、右足をマットの外に出せば左足上がりのライになる。

あるいは、傾斜をイメージして、自分の体を傾けるだけでも練習になる。この場合は、ボールを高めにティーアップするのがコツだ。

つま先上がり・つま先下がりのライに強くなる練習

つま先上がり・つま先下がりのライは、100円ショップで売っているドアストッパーを使うと簡単に再現できる。雑誌や板切れでもいい。これらを両足のつま先

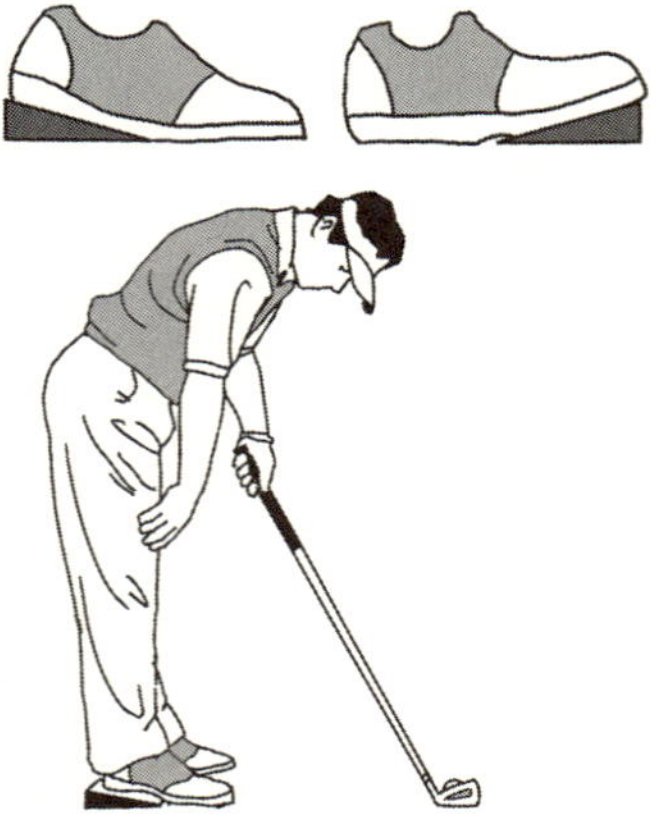

ドアストッパーを使えば、簡単につま先上がり・つま先下がりのライができる

で踏めば、つま先上がり、両踵で踏めば、つま先下がりのライになる。

道具を使わない場合、つま先上がりは、高くティーアップしたボールを、クラブを短く持ってスイングするという方法もある。

つま先上がりのライをイメージして、体重は踵《かかと》寄り。前傾角度を浅くして、フラットにスイングするのがコツだ。

つま先下がりも、やはりそのライをイメージし、スタンスを広くとってクラブを短く持つ。そして、つま先体重をキープしながら、アップライトにスイングする。つま先下がりではボールが遠くなるため、クラブを長く持つ人がいるが、これではミスを誘発しやすい。

スイングのコツは、スタンスを広くとり、腰を落として、上半身の前傾角度をできるだけふつうのショットに近づけること。ボールが遠いからといって前傾角度を深くすると、その分だけ上体が起き上がりやすくなり、トップなどのミスが出る。

飛距離を伸ばす練習法

重いクラブと軽いクラブを交互に素振りする

ゴルフの醍醐味《だいごみ》といえば、やはり「飛ばし」。「ドライバーがあと10ヤード飛べば……」――そう思っていないゴルファーはまずいまい。何歳になっても、ゴルファーである以上、「飛ばし」は永遠のテーマといっていい。

飛ばすための理屈は、ひじょうに単純だ。ドライバーの飛距離は、ヘッドスピード、ボールの飛び出し角、スピン量で決まる。

飛び出し角とスピン量は、スイングの型、つまりスイングプレーンによって決まるが、ヘッドスピードを上げるためには、体の回転を速くするしかない。手や腕をいくら速く振ろうとしてもヘッドは走らない。手や腕、クラブは、あくまで体の回転についてくるだけなのだ。

また、体の回転スピードを上げるためには、ただ体を回そうとしてもダメ。上体を捻転《ねんてん》させることが大切で、捻転を解放して、もとに戻ろうとする力が体の回転速度を速めるのだ。

　ヘッドスピードを上げるためには、もうひとつダウンスイングでタメをつくることも大切だ。

　タメとは、トップでつくった腕とシャフトの角度（コック）をインパクト寸前までキープすること。そして、インパクトの直前にコックをリリースしながら両腕を伸ばすことで、トップから最短距離で下りてきたヘッドが一気に走る。つまり、タメによってヘッドスピードが上がり、飛距離が伸びるわけだ。

　もちろん、正しいスイングプレーンでボールをクラブの芯に当てる、つまりミート率が高いことも飛ばすための条件だが、最終的には、ドライバーの飛距離は、体の回転速度とタメの有無によって決まる。まずは、このことを頭に入れておいていただきたい。

　というわけで、最初に紹介するのが、重いものと軽いものを交互に振るという練習である。

　重いクラブは練習用のものが売られているが、バットでもいい。軽いものは、シャフトの先にボールをつけただけの練習器具や、ドライバーを逆さにして、ヘッドのネック部分を握るのでもいい。

また、最近、男子プロの間で密《ひそ》かに流行中といわれるのが、「tri-one stick」なる練習器具。片方を持つと重く、もう片方を持つと軽い素振り用の練習器具で、これなら1本でこの練習ができる。

重いクラブは、手では振れない。腹筋や背筋、さらには下半身も使わないと振れないのだ。この体全体を使ったスイングは、スイングの回転軸となる体幹を鍛えることになる。ヘッドスピードを上げるためには、腕力を鍛えるのではなく、体幹を鍛えることが大切。そうすることで、上体が捻転し、体が速く回転しても軸がぶれない、バランスのいいスイングが可能になる。

次に、軽いクラブを振るのは、体に「クラブを速く振る感覚」を染み込ませるためだ。ヘッドスピードを上げるためには、シャフトをしならせることも大切で、そのしなりは、クラブを遅く振っていては生まれない。クラブを速く振る感覚は、軽いクラブ（シャフトが柔らかいクラブでもいい）を腰の回転を使って速く振ることで養うことができる。

どちらで素振りする場合も、タメを意識しながら、ヘッドを加速させてやること。腰が先に回って、あとからクラブが下りてくる。そんなイメージが大切になる。

ドライバーを逆さに持ち左手だけで素振りする

前項で紹介した軽いクラブの素振りのバリエーションだ。

ドライバーを逆さに持ったら、左手だけで素振りをしてみよう。それもゆっくりではなく、マン振りしてみるのだ。

体が左に流れることなく、インパクトの直後にビュン！という音がすればＯＫ。これはタメができている証拠。ヘッドスピードがインパクト直後に最速になるくらいのつもりでスイングするのが飛ばしのコツだ。

〝飛ばし〟のカギは左手にあり！

なぜ、左手だけで素振りをするのか？

〝飛ばし〟というと、右利きの人は、どうしても右手で飛ばそうとしてしまうが、スイングで右手がでしゃばると、まずろくなことがおこらない。スイングをリードするのは左手なのだ。

テイクバックは、左肩を回すことから始めるイメージが大切だが、その左肩につながっているのは左手だ。その左手とクラブのシャフトが一体化したイメージで、左手首の角度をキープしたままスイングすると、きれいなプレーンができる（102ページで紹介した水平素振りをやってみると、そのイメージが実感できる）。右手は、インパクトの直前、コックをリリースして右肘を伸ばすときに使う程度だ。

アマチュアには、ヘッドスピードがそれほど速くないのに、振り遅れる人が圧倒的に多いが、体がどんなに速く回転しても、左手がついてくれれば、振り遅れることはない。

さらに、フォローで左肘《ひじ》をたたむことによって、ヘッドスピードはさらに上がる。飛ばすためには右手のパワーが必要だと思いがちだが、カギを握っているのは左手。左手が体の回転に遅れないようについてくることが重要なのだ。

手のひらでクラブを挟んでテイクバックする

これまで〝手打ち〟の弊害についてくどいくらい述べてきたが、「飛ばし」という点でも、手打ちは大きなマイナスになる。

何度もいうが、手をどんなに速く振っても、ヘッドスピードは上がらない。いや、上がらないどころか、減速しかねないのだ。

スイングをクラブヘッドを錘《おもり》にした振り子運動だと考えてみると、その理由がよくわかる。このとき、振り子の支点になるのは、両肩の中心、つまり首の後ろの付け根あたりだ。そこから、両腕とクラブシャフトが一本の紐《ひも》のようになってぶら下がっており、その先にクラブヘッドという錘があると想像してほしい。

この状態で振り子のスピードを上げるためには、首の付け根から背骨を軸にして、素早く両肩を回転させてやればいい。しかし、このとき紐の中間あたりにある手（グリップ）が何かしようとすると、紐がそこで折れたり、軌道が歪《ゆが》んでしまう。

手や腕は振り子の紐の一部であり、基本的には何もする必要はないのだ。

ゴルフのスイングに戻ると、手打ちは、テイクバックを手で始動しようとしたときに起こる。手で上げてしまったものは、手で下ろすしかなくなり、その結果、手打ちになるのだ。逆にいえば、テイクバックは手でクラブを持ち上げるのではなく、体を使ってクラブをトップまで持っていけばいいということ。そのためには、こんな練習法が最適だ。

グリップを両手のひらで〝握る〟のではなく、〝挟《はさ》む〟だけにするのだ。グリップ

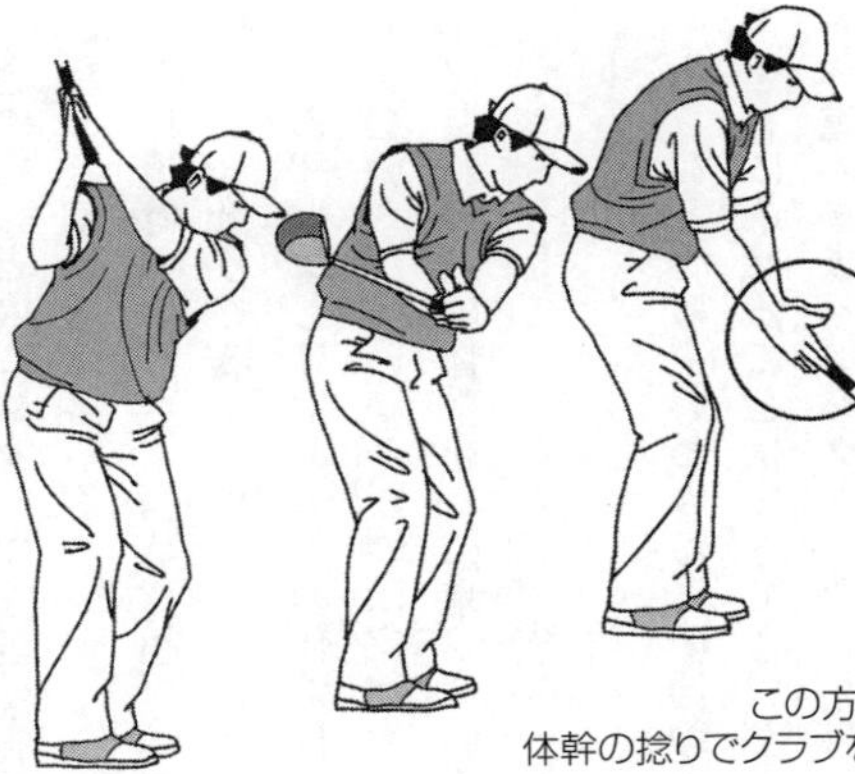

この方法だと腕が使えず、
体幹の捻りでクラブを上げざるをえない

を手のひらに挟んでテイクバックを始めると、腕の力を使えないため、体の力（腹筋と背筋）でクラブを上げるしかない。

「飛ばし」のコツは大きな筋肉を使うことだとよくいわれるが、手を使わずにクラブを上げようとすると、そうせざるをえないことがよく理解できるはずだ。

一本足打法で〝飛ばす〟体重移動をマスター

「飛ばし」の極意としてよくいわれるのが体重移動だ。体重移動がどれだけ飛距離に影響を与えるか？

それは両足をぴったりくっつけてスイングしてみればよくわかる。こうすると体の軸が一本になるため、体重移動がほとんどできない。どんなにクラブを速く振っても、その距離はふつうのスタンスをとったときの2割以上は落ちる。

石川遼は、デビュー当時、超ワイドスタンスだったが、彼はそれによって体重移動を大きくして飛ばそうとしていたわけだ。

この、飛ばしには不可欠の体重移動、しかし、残念ながらアマチュアにはうまくできない人が多い。ひとつは、バックスイングでうまく体重を右に乗せられないタイプだ。当人は体重を右に乗せているつもりでも、上体が起きたり右サイドが伸び上がったりしているため、頭が左に移動して、むしろ左体重になっていたりする（リバースピボット）。

もうひとつは、いわゆる〝明治の大砲〟といわれるタイプ。バックスイングで体重を右に乗せることはできても、ダウンスイングで体重を左に移動できないため、右体重のままインパクト。その結果、勢い余って、左肩が上がり、フィニッシュで後ろに反り返るようなコトになってしまう。

じつは、ゴルフの体重移動は、そう難しいことではないのだ。なぜなら、私たちはふだんの生活のなかでそれに似た動きをしているから。たとえば、バケツにくんだ水を道路にまくとき、私たちはごくごく自然に体重移動をしている。重いバケツを右から左に振り子のように振って水をまこうとすれば、意識しなくても体重移動は右から左へと移動する。このとき誰も、リバースピボットにも明治の大砲にもならない。もしそんなことになれば、バケツの水を頭からかぶることになる。そんな人、見たことがないでしょ？

ところが、ことゴルフになると、こんなスイングになってしまう人が多いのは、やはり「飛ばしたい」という気持ち、つまり力みがそうさせてしまうのだろう。

また、そこまではいかなくとも、トップで右に体重が乗り切る前に切り返してしまうゴルファーも多い。そうなると、上体から切り返すことになり、体が開いてカット打ちになったり。あるいは捻転が不十分でタイミングが速くなったり。こうしたスイングは飛距離が出ないばかりか、さまざまなミスの原因になってしまう。

前置きが長くなったが、体重移動をマスターするためには、野球の王貞治選手でおなじみの一本足打法を練習に取り入れてみるといい。

まず通常のアドレスから、左足を浮かせながらテイクバックを始め、トップでは右足一本で立てるよう、完全に体重を右に移動させてしまう。このとき、頭は右足の真上にある。つまり、アドレスのときより頭は右に移動しているのがポイントだ。

また、体重は右足の内側で支えることも重要。右足の外側に体重が流れると、ス

一本足打法

トップでは完全に右足体重に

エーしたことになり、右足一本では立てない。

　切り返しは、浮かせていた左足を元の位置に戻すことがきっかけになる。こうすると、自然に下半身始動のダウンスイングになるのだ。ただし、勢い込んで左足を踏み込むと、上体が突っ込みやすくなるので、左足に元に戻すくらいの意識でいい。

　ダウンスイングでの最大のポイントは、体重は左に移動しつつも、重心はまだ右にあり、右の股関節の上で回転するイメージを持つことだろう。そのイメージがないと、上体や頭もいっしょに左に移動してしまい、振り遅れやカット打ちの原因になる。

　こういうと、うまく体重が左に移動しないように思う人もいるだろうが、クラブが

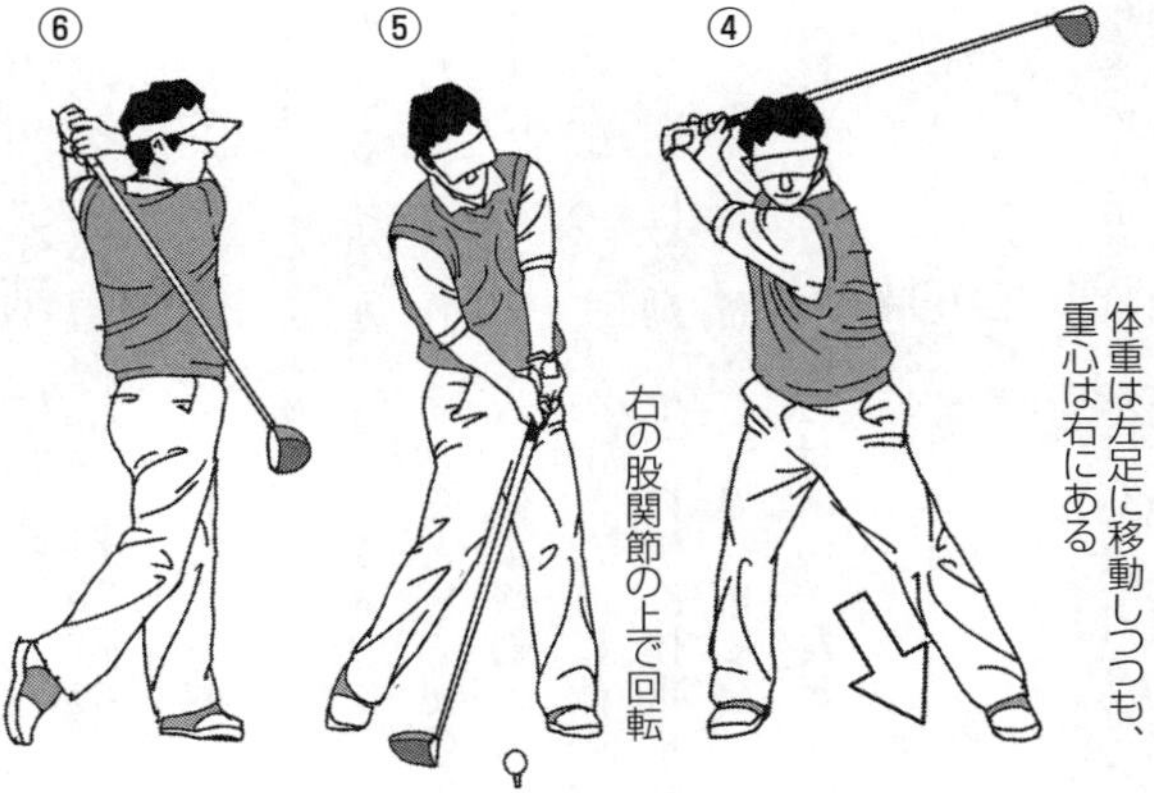
⑥
⑤
④
体重は左足に移動しつつも、
重心は右にある
右の股関節の上で回転

左に振られることで、大きな遠心力が発生。それに引っ張られるように自然に体重は左に移動するから安心してほしい。

右の股関節の上で回転できれば、必然的に頭も右に残り、いわゆる「ビハインド・ザ・ボール」のインパクトが可能になる。これも飛ばすためには必須の条件である。

そして、インパクトからフォローにかけて自然に体重は左に移動。フィニッシュで左足一本で立つことができればOKだ。

最初は何度も素振りをして、ⓐトップで完全に右に乗ること、ⓑ切り返しのタイミングをつかむこと、ⓒダウンスイングは右股関節の上で体を回すこと、ⓓフィニッシュで左足一本で立てること、の4つを確認してほしい。

ボールを前方に置き自然な体重移動で打つ練習

アマチュアゴルファーには、ボールがうまく当たらないようになると、少しずつボールを右寄りに置き、ロフトを立ててセットし始める人が少なくない。そのほうがインサイドからクラブが入りやすいし、しかもとりあえず距離が出るからだ。

しかし、それがすぎると、右足の前でボールを打つようになり、体重移動がスムーズにできなくなる。体重移動をスムーズにおこなうためには、練習段階ではボールを左足のつま先の前あたりに置いたほうがいい。すると、必然的にインパクトゾーンが左に移動して、自然に体重移動ができる。

あるいは、167ページで紹介した「左足下がり」のライからボールを打つ練習も体重移動のマスターにはいい。左足が低いため、自然に体重が左に移動できるのだ。

右手だけの素振りで「タメ」をつくる

さて、最後は「飛ばし」のもうひとつの要素、タメをつくるための練習法である。

ダウンスイング終盤までキープしていたコックを解放することで、一気にヘッドを走らせる

タメとは、すでに述べたように、ダウンスイングの途中、グリップが右腰にくるくらいまではコックをキープ。そして、インパクトの直前にコックをリリースすることで、一気にヘッドを走らせることだ。

その感覚をつかむためには、右手一本で素振りをしてみるといい。最初は、ショートアイアンを使い、ゆっくりとした素振りでその動きを確認してみよう。

まず、トップで右手首をコックしたら、シャフトと右手首の角度（約90度）をキープしながら、右肘を自分の体に引きつけるようなつもりでクラブを下ろしてくる。右手が右腰あたりまで下りてきたときは、まだコックはキープされ、クラブのシャフトは立っているはずだ。

コックをリリースするのは、さらにクラブが下りてきて、シャフトが地面と水平になったとき。そして、下半身の回転に引っ張られるようにしてハンドファーストでのインパクトを迎える。さらに、グリップが左膝《ひざ》の前に達した瞬間、右肘《ひじ》を一気に伸ばす。そして、右腕を真っ直ぐ伸ばしたままクラブヘッドは体の回転とともにインサイドへと抜けていく。

これをヘッドの動きで見ると、遅れてきたヘッドがインパクトの瞬間に体の正面で追いつき、ハンドファーストのインパクトを迎える。そして、その後、ヘッドはグリップを追い越し、腰の回転にリードされるようにしてインサイドを抜け、フィニッシュではさらにグルリと回って頭の右側に納まる。

文章にするとこんな感じだが、これが実際のスイングでは、0コンマ何秒のうちに行なわれるのだから、簡単ではない。

右手だけでなく、左手一本でも、タメを意識した素振りをやってみる。そして最後に両手も。

タメは飛ばしの肝であると同時に、プロとアマのスイングでもっとも違うところ。ふだんからシャドースイングするなどして、ぜひとも会得してほしい。

4章

確実にスコアをアップしたいあなたへ――

アプローチ&パットがウソのようにうまくなる練習

アプローチを磨く練習法

アプローチの練習でスイングの基本をつくる

1章で「スイングが完成している上級者ほどアプローチの練習をする」という話をした。しかし、前言を翻《ひるがえ》すわけではないが、じつはスイングが未完成なビギナーも、本当は長いクラブではなく、アプローチの練習からスイングづくりを始めたほうがいい。

タイガー・ウッズの『私のゴルフ論』（テレビ朝日）という本格的なレッスン書（上下巻）では、上巻の1章はパッテングで、2章がアプローチだ。以下、バンカーショット、スイングの基本、アイアン、フェアウエイウッドの各章があり、ドライバーの打ち方についての解説は、下巻の最初、7章である。アメリカのゴルフスクールでも、まったくの初心者にはアプローチから教えるところが少なくない。これらの事実は、スイングの基本は、アプローチにあることを物語っている。

中嶋常幸プロも、『40歳にしてわかる「理にかなう」ゴルフ』(講談社)のなかで、「ゴルフの練習で一番大切な練習は、腰から下の小さなアプローチショットです。スイングというのは、まず一番振りが小さくて、低いハーフショット以下から覚えてほしい。自分の視野の中にすべて入っている範囲のものです」といっている。

アプローチの基本は、ウェッジによる右腰から左腰までのショットだが、なるほどどこの程度の小さなスイングなら、スイングの一部始終が自分の視野の中に納まる。つまり、ヘッドの軌道を確認しながら練習できるわけで、スイングの基本をつくるにはぴったりだ。

アイアンショットはもちろん、ドライバーのフルショットも、ウェッジによるハーフショットを大きくしただけのものだ。ウェッジのハーフショットが上手くできないのに、ドライバーでナイスショットすることなど、土台無理な話。たまに当たるのは、たまたまなのである。

アプローチ専用の練習場を見つける

というわけで、上級者はもちろんビギナーにも、これから紹介するアプローチの練習はぜひともやっていただきたいのだが、現実を見回してみると、練習場でアプローチの練習をせっせとやっている人はひじょうに少ないのである。

理由は、おそらくふたつある。ひとつは、アプローチの練習はつまらないし、ストレス解消にもならないということ。もうひとつは、お金がモッタイナイということである。

前者はゴルフの練習目的を勘違いしているというだけの話だが、後者はの理由は、わからないではない。首都圏の練習場では休日ともなるとボール1個の値段が20円前後もするところが珍しくない。アプローチの場合、ドライバーのように振り回さないから、100球なんてあっという間に終わってしまう。それで2000円というのは、いかにも痛い——というのはよくわかるのである。

そこで、アプローチの練習場として浮上してくるのが、1章でさんざん悪口を言った「時間内打ち放題」の練習場だ。通える範囲でそういう練習場があれば、「今日はアプローチだけをやる」と自分に言い聞かせての利用をおすすめする。

もうひとつは、コースのアプローチ練習場だ。ゴルフコースのなかには、バンカーもあるような立派なアプローチ専用の練習場を備えているところがけっこうある（いわゆる〝名門〟やかつてトーナメントが開催された〝チャピオンコース〟と呼ばれるようなコース)。

こういうコースでプレイする機会があれば、早めにコースに出かけて、スタート前にたっぷりアプローチやバンカーの練習をしよう。そして、プレイが終わったあとも、「あとハーフ回ろう」などといわないで、時間の許す限りアプローチの練習をするのだ。

いうまでもなく、アプローチの練習は、練習場のマットの上でやるより、芝の上でやったほうが10倍くらい効果がある。同じフェアウエイやラフでもボールの沈み具合、芝目、傾斜などが微妙に違うのが実際のコースで、そうしたさまざまなライに対応した打ち方をマスターするには、やはり実際の芝の上で打つのがいちばんだ。

その際、アプローチ用のボール(自分が使っているもので、古くなったり、傷ついたりしたボール)を何十個か持っていくとなおよい。1・5Rラウンドするより、よほど実になることを保証する。

アプローチの練習場として最後にあげたいのが自宅だ。広い芝生の庭があればいうことはないけれど、なければ家の中で練習すればいい。練習用の小さなマットと練習用の軽いボール(発泡スチロール製のものやプラスチック製のものがある)を用意して、キャリーで1~3ヤードくらいの距離を打つ。腕に自信があるのなら、コースボールでもかまわない（ただし、ボールの落下地点や向こう側の壁には座布団やマットレスを置いておくことをおすすめする）。

グリーンからこぼれたボールをカップに寄せるつもりで毎日練習すれば、あなたの寄せワン率がみるみる上がることは間違いない。これは何も特別な話ではない。シングルなら、みーんなやってきたことなのだ。

再現性の高いスイングと基本の距離を見つける

ひとくちにアプローチといっても、グリーンのカラーから寄せるキャリー1ヤードのアプローチから、ＰＷのフルショットに近い１００ヤード前後のアプローチまでその距離はさまざまだ。しかも、上げる、転がす、スピンをかける……など、アプローチには多彩な打ち方がある。さらに使用クラブもさまざまだ。

アプローチの技術を磨くための第一歩は、そんな数ある打ち方やクラブのなかから、もっとも再現性の高いスイングを見つけること。そして、そのときの距離を〝基本の距離〟にすることにある。

仮に、アプローチに使うクラブがＳＷ、ＡＷ、ＰＷの３本だとしよう。

次なるバリエーションはグリップの握り方で、①グリップエンドいっぱい、②1インチ余し、③グリップエンドの先端の3通りある。

最後はクラブの振り幅。グリップの位置を時計の文字盤とすると、自分から見て、①7時〜5時、②8時〜4時、③9時〜3時、④10時〜2時、⑤11時〜1時の5通りある。もっとも、これはあくまで目安で、実際はアバウトでいい。厳密に8時〜4時の間でスイングしようなどと考えると、体が動かなくなる。「だいたいこの程度の振り幅」というイメージがあればいい。

打ち方は、もっともオーソドックスなピッチショットだ。スタンスはキャリーが20ヤードまでなら両足をそろえる。30〜40ヤードなら靴一足分くらい開き、どちらもややオープンに。ボールをスタンスの真ん中かやや右寄りに置き、左体重でハンドファーストに構える。そして、左腕とクラブを一本化して、体を回しながらスイングする。ロフトなりのボールが出ればOK。フルショットと違うのは、基本的にスイングの振り幅だけだ。

さて、このもっともオーソドックスなピッチショットでのアプローチだが、その組み合わせは、クラブ3本×グリップ3種類×振り幅5種類の45通りもある。この45通りのショットを何度もくり返す。そして、そのなかで、どの組み合わせがもっとも再現性が高いかを見つけるのだ。

「もっとも再現性が高いスイング」とは、飛距離が安定しているスイングのこと。もう少し具体的にいうと、いつも同じ振り幅と同じテンポでスイングでき、切り返しのタイミングや振り幅も一定しているスイングということになる。

おそらく、そういうスイングはあなたにとってもっとも自然で、なおかつもっとも気持ちのいいスイングのはずだ。仮に、そんなスイングが、「SWをグリップを1インチ余して持ち、8時から4時まで振ったときの、キャリー30ヤード+ラン5ヤード」だったとするのなら、それをあなたの〝基本の距離〟にすればいい。

そして、実際のラウンドでは〝基本の距離〟を基準にして、「あと10ヤードキャリーが必要だから、グリップをもう少し長く持ってスイングしよう」とか「9時〜3時まで振ろう」のように調節すればいい。

また、〝基本の距離〟は、あなたにとって同時に「寄せる自信がある距離」でもあるはずだ。ひとつでもそういう距離があれば、レイアップするときはその距離を残すなど、実戦でも大きな武器になることはいうまでもない。「寄せる自信のある距離」が最初はひとつだったのが、しだいに50ヤード、70ヤードと増えてくれば、あなたのハンデがグングン減っていくこと、それは間違いがないのだ。

アプローチはピッチショットの練習だけで十分

アプローチには、前項で述べたピッチショットのほかに、さまざまな打ち方がある。SWのロフトを立てたり、ロフトの少ない7Iなどを使ったランニングアプローチ（チップショット）、SWのフェイスを開き、高いボールでピタリと止めるロブショット。このほかにも、プロゴルファーは低く出て3バウンドめあたりでぴたりと止まるスピンの利いたアプローチをしたり、SWの歯で打ったり、3Wで転がしたりなど、じつに多彩な技を見せてくれる。

しかしアマチュア、しかも月に1〜2回しかラウンドできないゴルファーの場合、そんな芸当をマスターする必要はない。ピッチショットさえできれば十分なのだ。

実際、ラウンドでのアプローチは半分以上、ピッチショットで事足りる。ひとくちにピッチショットといっても、フェイスの角度を変えたり、ボールの位置を変えたりするだけで、出球の高さやスピン量が変えられる。フェイスを開けば高いボールが出るし、ボールを右寄りに置けば、低くてスピンの利いたボールが出るのだ（ピッチショットの打ち方についての詳しい説明は、KAWADE夢文庫ゴルフシリーズの『アプローチがピタッと寄る本』に書いたのでそちらを参照してほしい)。

アベレージゴルファーにとってうれしいのは、ピッチショットにはさまざまなバリエーションがありながらも、その打ち方は基本的に変わらないこと。基本の打ち方さえマスターしてしまえば、その応用はけっして難しくはないのだ。

その点、ロブショットはひじょうに難度が高い。そして、高いわりには使う機会が少ない。1打を争うプロなら必須のテクニックだが、アマチュアはできなくてけっこう。ロブショットの技術を磨く時間があるなら、チップショットの練習をしたほうが費用対効果が絶対にいいのだ。

では、ランニングアプローチ(チップショット)はどうなのか? 昔からアプローチは転がしたほうがミスが少ないといわれ、とくにビギナーは、ウェッジより9Iや7Iの転がしを選択すべきだとされてきたが、この考え方はちょっと疑問だ。

たしかに、転がしはザックリやトップの心配がないから、大きなミスにはなりにくい。しかし、アプローチでもっとも重要な距離感をつかむのが難しいのだ。

転がしの距離感は、実際のグリーンを使わないとつかみにくい。練習場の土の上や人工芝、伸び放題の芝では、キャリーのあとどれだけ転がるかがわかりにくい。そのため、アマチュアはどうしても練習する機会が少なくなる。また、実戦でやろうとしても、その日のグリーンコンディションによって転がる距離が変わってくる。これも、転がしを打ち方以上に難しくしている理由だ。

結局、ピッチショットのほうが、練習場でも練習しやすいだけに、距離感があってくる。しかも使い道が多い。とにかく、アマチュアはピッチショットをものにすること。ほかの打ち方に挑戦するのは、ピッチショットをマスターしてからでいい。

あえてティーアップしてボールとの距離感をつかむ

さて、ここからはアプローチの具体的な練習法を紹介していこう。

アプローチでいちばん多いミスは、ダフリ（ザックリ）とトップ。トップは、結果を早く見たくて、上体が起き上がってしまうというケースが圧倒的に多い。アプローチは、ボールの行方を見なければいつまでたっても距離感がつかめないが、だからといってヘッドアップしたり、上体が起きてしまってはダメ。前傾角度はキープしていても、体を回しながら、ボールの行方は見ることができる。練習でも、そのことはつねに意識しておこう。

次はダフリ。これは、ボールと自分との距離感が間違っていることが原因というケースが多い。マットの上にボールを置くと、ボールではなくマット（地面）との距離感が強調されやすい。そのため、クラブが地面を叩く、つまりダフりやすくなるのだ。

自分とボールの距離感をつかむには、高めにティーアップしたボールをクリーンに打つ練習がおすすめだ。距離はキャリーで20ヤードくらい。

また、コースでは、とくに傾斜からのアプローチでダフりやすい。そこで、167〜170ページで紹介した傾斜からの練習法も交えて、クラブを短く持ったり、体を傾けたり、左右の体重配分を変えたりして、つねに正しい距離感でボールが打てるようにしておきたい。

ボールの後ろにヘッドカバーを置いて打つ

アプローチでのダフリは、ボールを上げようとすることでも起こる。アマチュアのなかには、アプローチというと、なぜかボールをふわりと高く上げるものだと思い込んでいる人がけっこういて、ついボールを上げようとしてしまうのだ。

しかし、アプローチでもヘッドの最下点はボールより先。つまり、打ち方の基本はやはりダウンブローなのだ。それでもボールが上がるのは、ウェッジには大きなロフトがついているから。また、ダウンブローで打ってこそ強烈なスピンもかかる。

そんな打ち方をマスターするためには、ボールの後ろ30センチくらいのところにヘッドカバーを置き、ヘッドカバーに当たらないようにピッチショットを打ってみる。体重は左足。インパクトで右膝を送れば、ランの出るボール、送らなければ高いボールが出る。

50ヤードをすべてのアイアンで打ち分ける

1章で、アイアンでさまざまな距離を打ち分ける練習を紹介したが、これはそのアプローチ・バージョン。距離を50ヤードなら50ヤードと決めておいて、すべてのアイアンでその距離を打ち分ける練習である。

これは、実戦向けの練習であると同時に、クラブと遊びながら番手ごとの距離感やフィーリングがつかめるという、ひじょうに優れた練習法だ。

当然だが、同じ50ヤードを打つのでも、ＳＷと５Ｉでは、キャリーとランの比率はもちろん、振り幅や打感など、すべてが違うはずだ。そのフィーリングを自分の中に保存し、いつでも取り出せるようにしておくのがこの練習の最終目的だ。

つまり、50ヤードを9Iで打つと決めたら、一発でその距離が打てるようになるのが理想。ボールの位置やスタンス幅、クラブの振り幅などを〝考える〟のではなく、すぐに〝イメージ〟できて、実行できるようにしたい。

友人と練習場に出かけることがあったら、ドライバーの飛距離競争なんかはやめて、〝アプローチ競争〟をやってはいかがだろう。50ヤード先にグリーンがあるとすれば、最初はSW、次は5I、その次は8I……のようにクラブをかえて、どちらが一発でグリーンに乗せられるかを競うのだ。チョコレートを賭ければ、本番さながらのプレッシャーも味わえるはずだ。

アプローチの練習は単調になりがちだが、こんな遊びも取り入れればアプローチの練習も楽しく続けられるはずである。

アプローチの練習は1球ずつ〝点〟で狙う

アプローチの命は、なんといっても距離感にある。とくに50ヤード以内となれば、ボールが大きく曲がることはまずないから、ますます縦の距離感が成否の分かれめになる。

ラウンドでは、まずボールのライを見て、どんなボールが打てるかを判断する。たとえばピンがエッジから近くに切ってあり、ほんとうはロブショットでいきたい。しかし、芝が薄くて無理となれば、少々カップをオーバーすることは覚悟して、ピッチショットでいく、という作戦を立てるわけだ。こうして、自分の技量も含めて、打てる範囲のボールのなかで、もっともピンに寄りそうな方法を選び、キャリーとランの割合をイメージしてボールの落とし場所を決めるのが、打つ前の準備ということになる。

その落とし場所だが、グリーンまで20ヤード以上あれば、だいたい直径1メートルの円がそのターゲットになる。そして、グリーンに近づくほど、その円は小さくなり、チップインが狙えるような距離になれば、ボールの落とし場所は「あのボールマークのあるところ」のようなピンポイントになる。

アプローチの練習は、1球1球、いま述べたような実戦での状況をイメージしながらやることだ。

そのためには、1球1球ターゲットを変えること。打席を斜めに使ったり、距離も変えて、どんなに大きくても1メートルの円かそれより小さなターゲットを狙う。

このことは、単純に30ヤードの距離感を身につけたい、という練習の場合も同じだ。この場合は、何発も30ヤードの距離を打って、そのときのスイングの大きさを体に覚え込ませることになるが、そんな練習でも、ターゲットは1球1球変えたほうがいい。同じ30ヤードでも、正面、右、左と、1球1球、向きを変えて打つのだ。何度もいうが、ゴルフでは同じショットを続けて打つことはできない。練習でもつねに一発勝負のつもりで臨むことが〝実戦に強いゴルファー〟になるいちばんの近道なのである。

ウェッジと戯れてアプローチの感性を磨く

アプローチの上手い下手は、感性で決まるところが大きい。命である距離感も、その距離感が出せるかどうかは、最終的には技術ではなく感性で決まる。

感性というと、生まれつきのものだと思う人も多いはずだが、けっしてそうではない。感性は、練習によって培《つちか》われるものなのだ。

アプローチの感性を磨くためには、なにはともあれクラブ（ウェッジ）に慣れなければならない。プロゴルファーは、ウェッジがほとんど自分の手といっていいほど一体化しているから、それこそカップをめがけてボールを放り投げるようにアプローチすることができる。

そんな域に一歩でも近づくためには、ウェッジと戯《たわむ》れること。たとえば、SWのリフティング（クラブフェイスを水平にして、何度もボールをバウンドさせる遊び）。ひと昔前ならセベ・バレステロス、いまならタイガー・ウッズやフィル・ミケルソンなど、一流といわれるプロは、たいていリフティングがうまい。彼らはリフティングの最後にボールを高く上げて、落ちてきたボールを打つなどという妙技も朝飯前だ。

そこまではいかなくても、コースで渋滞しているときの待ち時間など、気分転換をかねてリフティングしたり、地面にあるボールをSWのフェイスを使って拾ったりなどして、ウェッジと戯れてみてはいかがだろう（上手くなると、仲間から尊敬されます）。

また、本シリーズの『アプローチがピタッと寄る本』でも紹介した、片手打ちもアプローチの感性を養うためには格好の練習。最初はやさしい右手、次に左手でやってみよう。アプローチだけでなく、スイング全体に通じる〝奥義〟が見えてくるはずである。

スピンの利いたアプローチを打つ練習

アマチュアゴルファーが憧れるスピンの利いたアプローチを打つための練習法を紹介する。スピンの利いたボールを打つコツは、次の3つ。

①ヘッドを上から入れる
②ヘッドを加速させる
③クラブを長く持つ

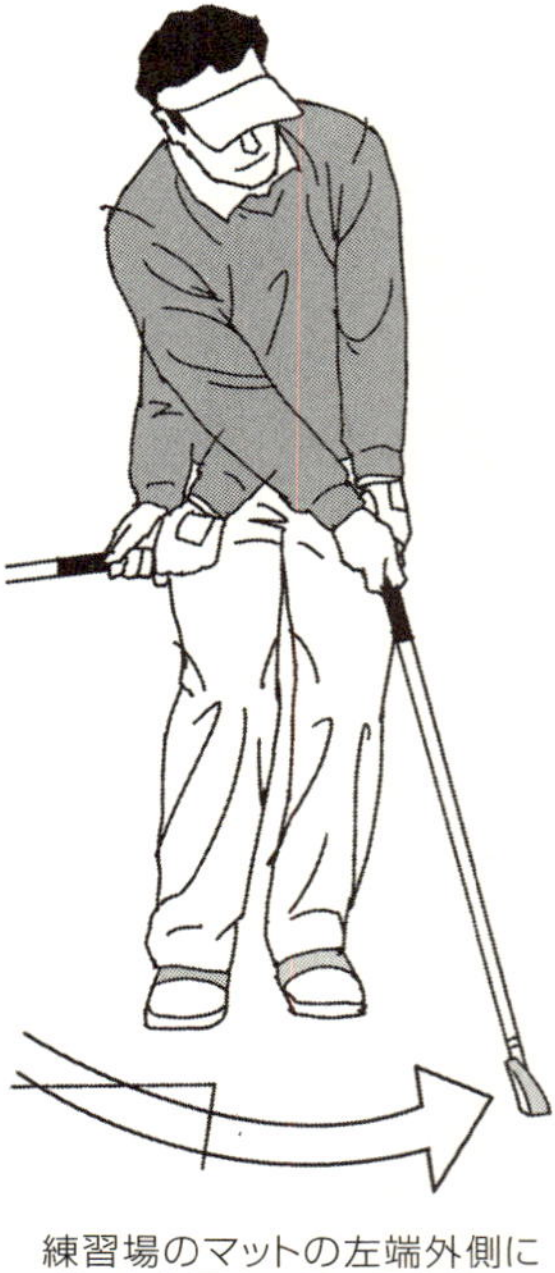

練習場のマットの左端外側にボールを置き、その間を狙い、鋭角にヘッドを落とす。左体重で打つのがコツ

る。①は、高い位置からヘッドを鋭角的に落とすことでボールにバックスピンがかかる。③はヘッドスピードを落とさないための方法。スピンをかけるには、ヘッドスピードが必要だ。

このショットを練習するには、練習場のマットの左端、マットの外側の1センチ程低くなったところにボールを置いて、左体重で打ってみる。

ボールが3分の1ほど沈んだ状態になっているわけだが、ボールとマットの間、ギリギリのところを狙って、SWの歯を上から入れていく。いかにもトップしそうだが、ダウンブローで打てていれば、絶対にトップしない。

この打ち方をマスターすると、少しくらい沈んだライからもスピンの利いたボールが打てる。

距離感は振り幅で調節するが、インパクトでクラブヘッドを加速させることだけは忘れずに！

練習場のマットでバンカー練習をする知恵

バンカーショットは、コースのバンカー練習場など砂のあるところでしかできないと思いがちだが、練習場のマットの上でもできる。

ポイントは、ボールを1センチくらいティーアップすること。あとは、そこがバンカーだとイメージして、ソールをせずにアドレスに入り、スイングする。

バンカーショットがそうであるように、ボールを打つのではなく、ボールの手前2〜3センチのところにSWのソールから入れ、ボールの下のゴムティーを打ち抜くのがこの練習のポイント。直接ボールを打っては、ホームランだと思ってほしい。

バンカーショットのコツは、フェイスを開いて、インパクト後は、クラブヘッドがグリップを追い越すイメージで振り抜くこと。バンカーショットでは、ドンと打ち込んで終わりだと思っている人が多いが、振り抜くことが最大のコツなのだ。ボールがフェイスの向いた方向にふわりと上がれば、ナイスショットだと思っていい。

本物のバンカーを使った効果的な練習

コースのバンカー練習場など、本物のバンカーで練習するときは、次のやり方が効果的だ。

砂の上に直線を引いて、その線の右側にSWをソールから入れるつもりでスイングしていく。最初のうちはボールを置かないで、歩きながら連続でその線を消していく。リズムよくスイングすることで、バンカーショットには思ったほど力がいらないことがわかってくるはずだ。

ソールの入る場所がしだいに安定してくれば、砂の飛ぶ量や方向もバラつきがなくなってくる。バンカーショットは自信が大切。まずはボールを打たないことで、砂を打ち抜くことに対する不安をなくしてしまおう。

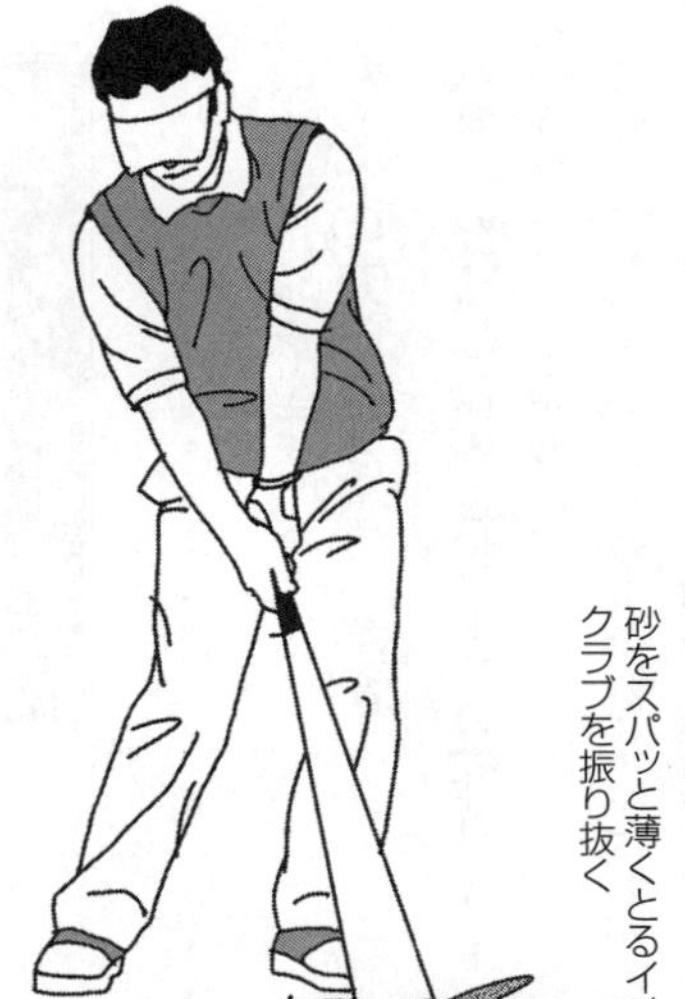

砂をスパッと薄くとるイメージでクラブを振り抜く

パッティングを磨く練習法

自宅でこそできる パットの方向性を磨く練習

パットの練習というと、コースの練習グリーンでスタート前に15分ほどやるだけ、というゴルファーが多い。

これではパッティングが上手くなるはずがない。プロのパット数は、JGTOの2010年のランキングでいうと、真ん中の50位の選手で28・96。対して、アベレージゴルファーは、各ホール平均すると2パットの36というところか。

ところが、これがシングルになると、30くらいの人はざらにいる。ただし、パターに関してはほとんどプロ並みだと思うのは、早とちりだ。シングルのパット数が少ないのは、寄せワン率が高いから。プロのようにパーオンはしないものの、寄せワンが多くなるから、必然的にパット数が減る。まあ、寄せワンのためには、アプローチも上手くなければならないが、とはいえ、パットが下手ではそう簡単にシングルにはなれないことも事実だ。

では、なぜ、シングルはパットが上手いのか？

実戦経験が豊富ということもあるが、それだけではない。彼らの多くは、家でもせっせとパターの練習をしているからなのである。

「パターは才能だから」ナンテ訳知り顔でいう人がいる。たしかに、プロでもつねに平均パット数が27回台という人もいれば、どうやっても30を切れない人もいる。プロである以上、30を切れないゴルファーも必死に努力はしているはずだが、その差がなかなか埋まらない以上、そこには才能の差があるとしかいいようがない（とはいえ、その差は、1ラウンドで2ストローク程度なのだが……）。

しかし、アマチュアの場合、平均パット数36の人が、32になるためには、特別の才能はいらないと断言できる。

なぜなら、家で毎日練習して、ストロークを安定させるだけでいいのだから。アマチュアは、ラインの読みやタッチを云々する以前に、ストロークが安定していない人が圧倒的に多い。ストロークさえ安定すれば、4ストロークくらいあっという間に縮めることができる。

パターマットがないのなら、カーペットや絨毯《じゅうたん》でもいい。実際のグリーンとは速さが違ってもいっこうにかまわない。なぜなら、この練習の目的は、いつも同じストロークでパッティングできるようにすることにあるのだから。

距離感を出す練習は後述するとして、とにかく家ではストロークを安定させること。つまり、狙った方向にボールを打ち出すことだけを考えてパッティングの練習をしてみよう。

ボールの位置、スタンス、前傾角度、目線、頭の角度、グリップの形、グリップの力の入れ方、ヘッドの軌道はイン・トゥ・インかストレートか、ストロークは振り子式かタップ式か、ストロークのリズムは速めか遅めか、などなど、あらゆることを試してみる。

パッティングは、パターの芯でボールを当てること、インパクトのときにパターのフェイスがスクエアなこと、という2大鉄則さえ守れば、どんな打ち方でもいいのだ。あらゆることを試して、自分にとってもっとも再現性の高いストロークの仕方を見つけること。そして、それを何回もくり返すこと。パットが上手くなるためには、結局、それしかない。

アマチュアにパットが苦手な人が多いのは、そういう練習が想像するだけでも退屈で、やろうとしないからなのである。

体と腕が一体化したストロークが体感できる

自宅でこそできるストロークを安定させる練習

パッティングでも、アマチュアは〝手打ち〟しないほうがいい。

プロには青木功のような手首を使ってパチンとインパクトするゴルファーもいないではないが、あの打ち方で距離感を出すのは、独特の感性が必要。アマチュアは真似しないほうが賢明だ。

アマチュアがストロークを安定させようと思ったら、やはり〝手打ち〟はやめ、腕と体をできるだけ一体化したほうがいい。

そのための方法として、イラストのようにクラブを両脇に挟んでストロークする練習がある。

こうすると、肩の回転と腕の振りが同調して、体と腕がまさに一体化したストロークが体感できる。

自宅でこそできる パットの距離感をつかむ練習

パッティングの距離感をつかむためには、パターマットやカーペットの上での練習では効果がない。実際のグリーンでボールを転がさないと意味がない——そんなふうに思っている人が多いはずだ。

たしかに、パットの距離感はグリーンの速さによって調整しなければならないから、スタート前に練習グリーンでボールを転がすことはきわめて重要である。

しかし、距離感には、もっと普遍的なものがある。それは、たとえば5メートルのタッチがわかれば、自動的に6メートルのタッチがわかるということ。つまり、5メートルのタッチで打ったとき、次にその1・2倍のタッチが出せること。これも立派な距離感といっていい。

で、そのための練習なら、家でもできるのだ。

実践しているのは、石川遼。『石川遼のゴルフ上達日記』（ゴルフダイジェスト社）

には、「石川家式ジャストタッチパット練習法」と題して、次のような練習法が紹介されている。

①カーペットの敷いてある部屋で、壁から1メートルのところにペットボトルを置く。

②1球めは、壁とペットボトルの間に止まれば成功。

③2球めは、1球めのボールとペットボトルの間に止まれば成功。以下、同じように、前のボールとペットボトルの間を狙って、失敗するまで続けるという練習である。

1球でも多くボールを止めるためには、1球めを壁ギリギリに止めて、ペットボトルとの間隔をできるだけ開けておく必要がある。2球めは、できるだけ前のボールに近づけたほうがいい。

これは、かなりの集中力が必要で、なるほどこうしてジャストタッチの感覚は養われるものなのかと合点した読者も多いのではないか。そして、こういう練習なら、実際のグリーンでなくてもできる、ということもだ。

石川遼のJGTOにおける1ホールあたりの平均パット数（パーオンしたホールのみ）は、2008年が3位（1・7615）、09年が1位（1・7235）、10年が2

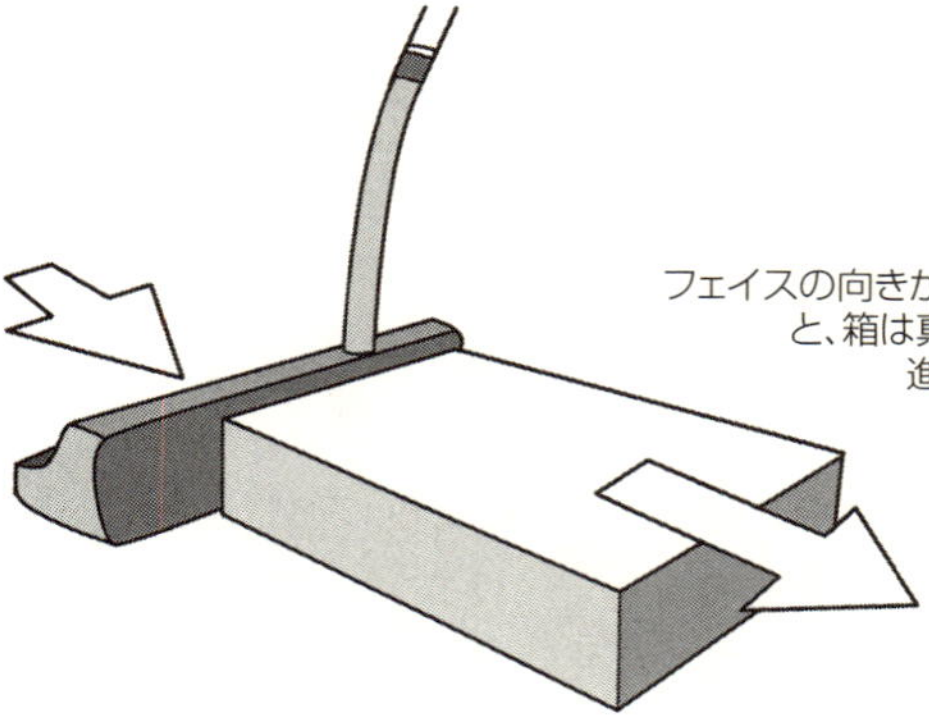
フェイスの向きが変わる
と、箱は真っ直ぐ
進まない

位（1・7368）だ。若くしてパットの名手といっていいが、その陰にはこんな練習があったのだ。

自宅でスクエアなインパクトをものにする練習

もうひとつ、石川遼が実践している練習法を紹介しよう。これは、テレビのトーナメント中継やゴルフ番組でも放映されたから、ご存じの読者も多いはずだ。

封を切っていないボックスタイプのタバコを1箱用意する。これをフローリングの床に置き、箱の側面にパターのフェイスをぴったり当ててからストロークする。

インパクトの瞬間、少しでもフェイスの向きが変わると、タバコの箱は真っ直ぐ滑《すべ》っていかない。まえに、パッティングの鉄則のひとつとして、ボールにパターのフェイスをスクエアに当てるという話をしたが、これはそのためのストロークの練習というわけだ。

タバコを吸わない人は、要は同じような形のものならなんでもいい(床と接触する面が滑りやすいほどいい)。

この練習法は、遼君の父・勝美氏が考案したそうで、現在「インパクトボックス」という名前で商品化されている。

パターの芯でしっかりボールをとらえる練習

ここからは、コースの練習グリーンを使った練習法を紹介していく。

スタート前は混雑しているし、あまり時間もないはずだから、ラウンド後に実行してみていただきたい。

ボールを10個ほど、10センチくらいの間隔で一直線に並べ、間をあけないで連続して打つ。ストロークの大きさは同じだが、実際に転がる距離や方向はあまり考えなくていい。

この練習のポイントは、間をおかずにストロークしても、つねにパターの芯でボールをとらえることにある。

また連続してストロークすることで、自分にとってもっとも快適なストロークのテンポがわかる。ヘンに考える時間がないため無心でストロークできるというメリットもある。

曲がるラインで迷わず打つための練習

あなたは曲がるラインをどうやって打っているだろうか？

たとえば、カップ2つ分スライスすると読んだら、カップ2つ分左を狙い、距離感を合わせながらストロークするという人が多いはずだ。まあ、それでも入るときは入るのがパッティングだが、プロはそういう読み方はしない。

カップ2つ分スライスなら、どの方向に真っ直ぐ打ち出せば、最終的にカップ2つ分スライスしてカップインするのかを読む。

ポイントは「真っ直ぐ打ち出す」というところ。どんなラインでも、打ち出した直後はボールに勢いがあるから、正しいストロークさえすればボールは真っ直ぐ転がるのだ。

こうして、その方向が決まったら、あとはその方向にゲートがあるとイメージして、そのゲートに真っ直ぐ打ち出すことだけに集中する。サーキットでいえば、直線コースから最初のカーブに入る、その入口に向かって真っ直ぐ打ち出すわけだ。

プロはラインを読むとき、よく曲がりの頂点（ブレイクポイント）あたりをパターで指すことがあるが、そのとき彼らは、どの方向に真っ直ぐ打てばその頂点を通過し、最終的にラインに乗ってカップインするか、ということをイメージしているわけだ。

どんなに曲がるラインでも打ち出し直後は真っ直ぐ転がる

先のゲートに真っ直ぐボールを通すイメージで

練習グリーンで、曲がるラインの練習をするときは、真っ直ぐ打ち出したときに通過するはずのゲートを2本のティーでつくり、そこに向かって打つ練習をしてみよう。

ポイントは、ゲートが決まったら、カップを見ないでゲートを通すことだけに集中すること。カップを見てしまうと、無意識のうちに体がカップの方向に向き、最初に読んだラインよりカップ寄り（薄め）に打ち出してしまう。結果は、カップの手前で右に切れる。いわゆるアマチュア・ラインに外すことになる。

結局、パッティングというのは、1メートル先でもいいから狙ったところに真っ直ぐ打ち出すことができればいいのだ。あとはラインの読みと距離感。

まあ、それがむずかしいからこそプロでも3パットすることはあるのだが、それはともかく真っ直ぐ打ち出せることがパッティングの最低条件であることはもうおわかりだろう。自宅でのパット練習が大切なゆえんである。

タッチの強さを変えてカップインさせる練習

この章の最後に、練習グリーンでしかできない練習法を紹介しておこう。

曲がるラインには、厳密にいうと無数のラインがある。たとえば、左のイラストのようなフックラインの場合、もっとも大きく曲がるのは①のライン。これは、最後のひと転がりでカップインする、いわゆるジャストタッチのラインだ。一方、ラインを浅く読んで強めに打ったのが②のライン。限りなく直線に近く、これ以上強く打つと、カップを通り越してしまうというラインである。

つまり、カップインするラインは①と②の間（斜線の部分）を通るすべてのラインということになる。

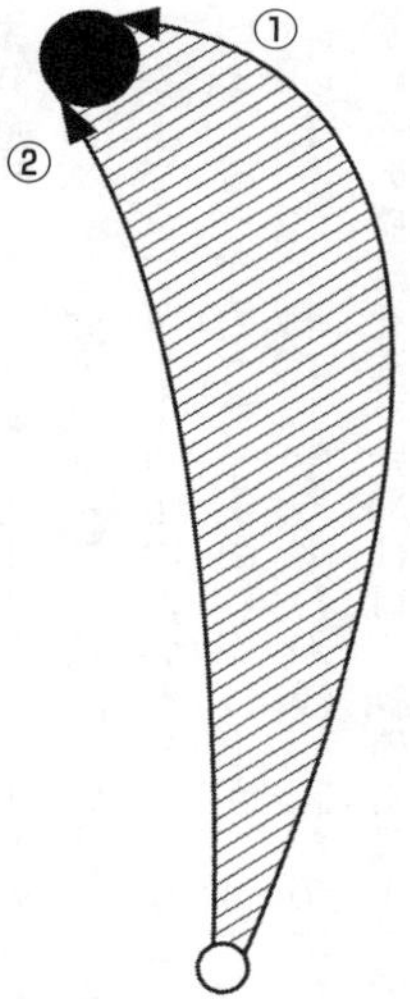

ジャストタッチの①も、強めに打った②も、その間の斜線部もカップインするライン。ラインは１つではない

どのラインがもっともカップインする確率が高いか、ということを考えるのはあまり意味がない。プロのトーナメントが行なわれるような高速グリーンなら、ジャストタッチこそカップインの秘訣という答えが返ってくるだろうし、スティンプメーターで9フィート以下の遅いグリーンなら、少々の曲がりは無視して、直線的に狙ったほうがカップインの確率は上がるはずだ。

つまり、ラインを厚く読むか浅く読むかはグリーンの速さによって決まるわけだが、その感覚を養うためには、練習グリーンで、いろんなラインからカップインさせる練習をしてみることだ。

ジャストタッチで曲がるラインに乗せるストローク。あるいは、限りなく直線的に狙って、カップの向こう側の壁に当たってカップインするときのストローク。とにかく、ひとつのカップに向かって、何通りもの打ち方をしてみると、パッティングで大切なのは「ボールが転がる速度をイメージすること」だということがわかってくる。大きく曲がるラインでは、ボールがゆっくり転がるし、直線的なラインではボールが速く転がる。そんな、考えてみれば当たり前のことが、あらためて実感できるのだ。

パッティングの距離感は「タッチ」によって出すとよくいう。しかし、タッチという言葉は漠然としている。タッチは、「触るだけ」とか「しっかり打つ」くらいしかいいようがない。その点、ボールが転がる速さなら、視覚的である分だけ具体的にイメージしやすい。

そのイメージ力を強化するのがこの練習。いろんな速さのボールを打つうちに、自分なりの傾斜に対する尺度がわかってくるはずである。

以上で、パットの練習法の紹介を終えるが、パットの練習については、KAWADE夢文庫ゴルフシリーズの『パターが面白いようにはいる本』のなかで、30あまりの練習法を紹介している。さらなる向上心のあるゴルファーは、ぜひとも参考にしていただければ幸いである。

ラウンド前後の練習で差がつく●「あとがき」にかえて

●前日の練習で自信をつかむ方法

明日は久しぶりのゴルフ。しかし、ラウンドの前日に練習したからといって、突然ゴルフが上手くなるわけではないことはみなさんもおわかりのはずである。

ただ、そうはいっても、自分のゴルフにつねに不安がつきまとうのがアマチュアゴルファー。１００球、いや50球でもいいからボールを打っておきたいという気持ちもよくわかるのだ。

というわけで、ラウンド前日の練習は〝自信〟を持つことだけがテーマになる。具体的には、ＳＷで〝基本の距離〟を何球か打ち、スイングのリズムを思い出す。次に、低くティーアップしたボールをミドルアイアンでハーフショットする。そして、ある程度ボールを芯でとらえることができればそれでよしとする。ドライバーは打たずに、素振りだけで十分。球数は多くても１００球までだ。

また、これまでの練習で取り組んできたテーマについては、そのポイントをアドレスでひとつ、スイングでひとつだけに絞る。そして、明日はそれだけは守ろうと自分に言い聞かせる。夜は、深酒しないで、ぐっすり眠りましょう。

●ラウンド前の練習はウォーミングアップのため

ラウンド前にやるべきことの優先順位は、①ストレッチ、②練習グリーン、③ドライビングレンジ。

③のドライビングレンジでの練習も、その目的はあくまでウォーミングアップのためだ。

最初はクラブを2本持って、ゆっくり素振りをし、スイングのリズムを思い出そう。そして、昨日決めたふたつのポイントを確認しながら、SW↓ショートアイアン↓ミドルアイアン↓UT（FW）↓ドライバー↓SWの順で各5球くらい。それぞれハーフショット↓スリークォーターショット↓フルショットの順で打ってみる。

いいボールを打とうとする必要はない。スライスばかりだといって、無理やりスライスを治そうとする必要もない。付け焼き刃の応急処置は、かえってスイングを悪くするだけだ。

一発めからスライスが出たのなら、「少なくとも前半はスライスする」ということを覚悟して、狙いどころを左めにするなどの方策を立てればいい。

●練習グリーンでは〝速さ〟だけをつかめばいい

練習グリーンでは、できるだけ平らなところを選んで、7〜8メートルの距離からストロークしてみよう。1球めで感じたボールの転がりが、あなたにとっての〝その日のグリーンの速さ〟だ。

それがわかったら、とくにすべきことはない。1メートルの距離を何発か連続して入れて、「よし、今日は入る」と自分に言い聞かせて、スタートホールへと向かおう。

●ラウンド後の練習は3倍の効果あり！

ラウンド後は、ラウンド内容の記憶が鮮明なうちに、ぜひともボールを打っておきたい。ナイスショットがあったのなら、その感触が消えないうちに自分のものにしておこう。悔しいミスショットがあれば（ないわけがないが）、同じ状況を想定して納得がいくまで何度でも打ち直してみよう。ラウンド直後の練習は、ふだんの練習の3倍は効果がある。やらない手はない。

パットの練習も、ラウンド後なら練習グリーンが空いているから貸し切り状態でできる。安定したストロークや距離感は、ここで初めて磨かれるのだ。

KAWADE
夢文庫

ゴルフ
確実にうまくなる練習 やってもムダな練習

二〇一一年三月一日　初版発行

著　者……ライフ・エキスパート［編］
企画・編集……夢の設計社
東京都新宿区山吹町二六二〒162-0801
☎〇三―三二六七―七八五一（編集）
発行者……若森繁男
発行所……河出書房新社
東京都渋谷区千駄ヶ谷二―三二―二〒151-0051
☎〇三―三四〇四―一二〇一（営業）
http://www.kawade.co.jp/
装　幀……川上成夫
印刷・製本……中央精版印刷株式会社
組　版……アルファヴィル
Printed in Japan ISBN978-4-309-49789-1